El
PODER
de
reinventarte

El PODER *de* reinventarte

**Conquista tu fuerza y seguridad
para transformarte en lo que quieres ser**

Lucy Lara

El papel utilizado para la impresión de este libro ha sido fabricado a partir de madera
procedente de bosques y plantaciones gestionadas con los más altos estándares ambientales,
garantizando una explotación de los recursos sostenible con el medio ambiente y beneficiosa para las personas.

Penguin
Random House
Grupo Editorial

El poder de reinventarte
Conquista tu fuerza y seguridad para transformarte en lo que quieres ser

Primera edición: enero, 2023

D. R. © 2023, Lucy Lara

D. R. © 2023, derechos de edición mundiales en lengua castellana:
Penguin Random House Grupo Editorial, S. A. de C. V.
Blvd. Miguel de Cervantes Saavedra núm. 301, 1er piso,
colonia Granada, alcaldía Miguel Hidalgo, C. P. 11520,
Ciudad de México

penguinlibros.com

ISBN: 978-607-382-417-0

Impreso en México – *Printed in Mexico*

Índice

*A mi hijo Francisco, mi gran maestro
y más profundo amor.*

*A mi brillante familia: padres, hermanos y amigos,
que tan importantes han sido en mi reinvención.*

Introducción

Tengo un cuerpo, una mente, un corazón y un espíritu, pero no siempre han sido habitados cabalmente. En la infancia, me parecía que mi cerebro no daba para mucho, no sólo por mi bajo rendimiento escolar, sino también porque todo el aprendizaje era un esfuerzo cuesta arriba. Recuerdo que una mañana, durante el desayuno, un tío me preguntó qué pensaba estudiar, a lo cual respondí, muy despreocupada, que "no sería necesario hacerlo porque me iba a casar". No había pasado la primaria y ya había descartado la posibilidad de progresar en los estudios. Dudaba de mí y de mis posibilidades. Quizá influenciada por los cuentos de princesas o por las múltiples telenovelas que veía con las abuelas, mi esperanza se fincaba en convertirme en una mujer bonita, casarme y ser feliz para siempre.

Mi cuerpo tampoco ofrecía las ventajas de la fortaleza, agilidad o salud necesarias para ser hábil en los deportes, destacarme en el baile o, cuando menos, gozar de los juegos infantiles. Por el contrario, después de poco más de un mes de nacida quedó claro que había sido contagiada de pulmonía viral durante los tres días que permanecimos en el hospital mi madre y yo, una vez pasado el alumbramiento. Esa enfermedad dejó secuelas que pusieron en riesgo mi vida constantemente: provocaron que no tuviera suficiente fortaleza en las piernas para caminar y fuera necesario usar unos fierros hasta las rodillas y las botas ortopédicas para dar mis primeros pasos. Tener fiebre era ya una rutina, incluso solía avisar a mi mamá cuando subía mi temperatura, interrumpiendo el café con sus amigas, al verme llegar con el termómetro y la caja de medicinas. Los problemas de salud me llevaron varias veces al hospital y en más de una ocasión estuvieron a punto de operarme para tratar de investigar qué pasaba con ese pequeño ser que no pasaba de los 15 kilos, por más vitaminas que tomara. Me coqueteaba la muerte y mi infancia estuvo poblada por el desaliento.

Mi corazón, en cambio, era viejo. Desde que recuerdo, mis valores eran como de un adulto responsable y conservador. Mis noviazgos fueron siempre tan formales que parecían cosa de otra época: visitas por las tardes, cartas románticas, flores cuando se celebraba el aniversario, anillos de promesa y convivencias familiares con sus parientes y los míos. Todas esas relaciones me llevaban hacia el destino que yo misma me había planteado en mi infancia: repetiría el patrón de mis padres con un matrimonio tradicional y una vida entregada a mi marido y a mis hijos. Sin embargo, ese corazón viejo debe de haber hecho un pacto extraño con el Universo, pues se ha ido rejuveneciendo hasta el punto de ser inmaduro, locuaz y tan vagabundo que ahora resulta difícil de domesticar.

Pero cuando se trata del espíritu, entonces o ahora, está claro que hablamos de mi fortaleza. Mi carácter sólido y decidido, la pasión por lo que me interesa, los esfuerzos que puedo realizar para alcanzar mis metas, me han llevado hasta donde estoy y me han hecho quien soy. Pero mi resiliencia no se ha desarrollado sin que mi cuerpo, mente, corazón o espíritu se hayan fracturado y, en más de una ocasión, hayan tenido que pasar por una restauración lenta y dolorosa. Algunos de esos procesos me han hecho abandonar mi espíritu y encontrar- me sin un norte ante una batalla perdida. Desahuciada y con el espíritu como un puñado de cenizas después de una gran hoguera, he tenido que reconstruirme y de a poco volver a desplegar mis alas. Alas que, al estar rotas, no siempre me han llevado al destino indicado. Alas que he intentado enmendar, pero el mero esfuerzo no ha sido suficiente para lograr en- derezarlas a su forma original. Digamos que las he tenido que rediseñar.

Empecé este libro en plena cuarentena provocada por la pandemia del coronavirus, la cual afectó la salud mental, fí- sica y económica del mundo. Me encerré el 16 de marzo de 2020 sin salir por nada que no fuera indispensable. Me encon- traba recluida con mi hijo, tres perros, la empleada doméstica que iba y venía de su casa, y las plantas que, hasta ahora, dan vida a mi jardín. Hacía *home office* para editar la mejor revista *Harper's Bazaar* que las circunstancias nos permitían, prac- ticaba yoga con mayor frecuencia que nunca, me mantenía estimulada dando cursos y participando en charlas para con- servar robusto el músculo de productividad. La alimentación saludable que llevaba y el tener una hora más de sueño me habían sentado de maravilla. Pero mientras veía que la gente estaba ansiosa, temerosa, pesimista, enojada, frustrada y con insomnio, algo me estaba ocurriendo que no podía dejar de extrañarme: en ese contexto de crisis, en el cual habían bajado considerablemente mis ingresos, mi trabajo estaba vulnerable, mi hijo había partido a vivir al extranjero y en medio de un per- manente riesgo de enfermar, o incluso de morir, yo me sentía inusualmente plena, agradecida, tranquila y abundante. Todo aquello no era un estado que respondiera a las circunstancias, ni una negación de ellas, sino un proceso de años que logré tejer con varios fracasos y algunos destellos de éxito, a través de la exploración de miles de recursos y algunos caminos que finalmente me llevaron a situarme en un remanso de paz.

No obstante, a medida que los meses pandémicos se prolongaban, terminé por perder mi trabajo en la revista, sentí desgarrarse mi corazón cuando mi hijo consolidó su futuro en el extranjero y me dejó en un nido vacío, comencé y terminé una relación amorosa, una de mis hermanas enfermó de un padecimiento grave que amenazaba con dejarla inmóvil, asaltaron a mi hermano y también a una amiga con su familia en su propia casa, donde los dejaron cautivos por varias horas, y vi cómo la economía de todo el mundo se desplomaba.

Como es lógico, yo también tuve que enfrentar mis propios demonios, darles la bienvenida a mis herramientas y reubicar no únicamente el motor de mi vida, sino también el propósito de mi trabajo. Pasé largas madrugadas en vela, me encontré sola, me sentí bloqueada, me contagié de coronavirus, escuché la declaración de guerra de Rusia pensando que mi hijo podía irse a defender Ucrania, confundí la autocompasión con la lástima y retorné a dolores pasados para recuperar la valentía con que supe salir adelante de otros momentos oscuros, a sabiendas de que lo importante era estar atenta en el presente y darme permiso de soñar con mi futuro. Busqué entre mis recursos las pasiones que me pudieran servir de remos y navegué por los caudales del temor y la duda.

Durante años de dedicarme a la moda, al lujo y a la imagen, sabía que hay maneras de comunicar y hasta construir una personalidad ganadora. Conozco de sobra el poder de la ropa y revaloré la inyección de autoestima que puede regalarte una prenda, un anillo o un perfume. Aunque también tenía claro que nunca es posible burlarse o engañarse a uno mismo por más cubierto de marcas que estés, si te sientes infeliz. Lo que piensas y sientes sobre ti no cambia, no importa si estás en un trono o en un calabozo, si cuentas con millones de dólares o no tienes ni un centavo para gastar, si vistes con ropa de diseñador o llevas puestos apenas unos harapos. Desde hace muchos años tengo claro que el verdadero poder está en el espíritu, en la seguridad y en el honrar quien eres. Por eso, puedo afirmar que hoy no estoy fuera de mí ni necesito ser vista o aprobada por los demás. Estoy lejos de sentirme infalible, pues sé que mi objetivo final es querer ser menos perfecta. Deseo ser tan imperfecta como seguramente siempre he sido, pero sin regañarme y castigarme por ello. Anhelo ser más suave sin perder la fuerza, aventurada sin sacrificar mi estabilidad y menos rígida porque ya he sido suficientemente autocrítica y autodestructiva en el pasado. Ahora más que nunca entiendo la necesidad de estar presente, de seguir un propósito y hacerme responsable de mi carrera y de mi felicidad. Quiero, en resumidas cuentas, distinguirme por lo que soy, en lugar de por lo que debía de ser o, peor aún, por lo que los demás esperan que sea.

El presente libro trata de la búsqueda de un propósito. Su finalidad es compartirte los hallazgos a este respecto a través de mis experiencias, así como las herramientas que he descubierto para replantear los valores, prioridades, recursos y habilidades que juegan un papel indispensable en el cambio mental y espiritual con el fin de comenzar una transformación profesional o personal. Sin angustia, sin esfuerzo sobrehumano, tan sólo con un poder que seguramente hubiera evitado tanta frustración y desencanto: el de sentirnos felices con lo que somos en esencia y conocer la gran magia que producimos al reinventarnos.

I

Siembra

Tu vida, al día de hoy, ya da muestras de quién has sido y la persona en la que te puedes convertir en un futuro: feliz, amargada, próspera, solitaria, productiva, bloqueada, vulnerable u optimista. No importa cómo te encuentres en este momento, sabemos que lo que ha sucedido en los últimos años ha sido complicado para todos, por decir lo menos. Algunos han perdido más: estabilidad, parientes, amigos, trabajo, dinero, seguridad y paz. Muy pocos han visto en todo esto una oportunidad de hacer pausa y darle una pensada a lo que ha sucedido para encontrar mejores alternativas de retomar su futuro. Eso hice yo y puedes hacerlo tú.

Yo he perdido mi trabajo, se ha modificado mi familia y he visto padecer las penurias de la crisis en más de un cliente. También me he sentido navegando sin rumbo al ver que mis principales ocupaciones ya no son funcionales para un mundo en pausa, con las revistas de capa caída o cuyos valores están en pleno proceso de transformación. Mi nido quedó vacío en el 2020 y hoy todavía intento tratar de adaptarme a la elección profesional de mi hijo que me ha cuestionado ética, psicológica y emocionalmente. Si pensaba que mi maternidad me había propuesto varios retos y obstáculos, no imaginaba lo que tendría que resolver sola, sin la presencia ni la comunicación de mi hijo, para entender que eso ya no está en mi control. De alguna manera, al independizarse él, he perdido el eje central en mis propósitos y sueños, de modo que a estas alturas de mi vida me doy cuenta de que una etapa importante de nuestra vida como familia ha concluido y me toca ver por mí. El mundo, en ocasiones, me parece de cabeza. Pero he logrado tomar una bocanada de aire y plantear una vez más cómo puedo renacer en esta adversidad.

Para ti quizá el viñedo ya está esperando la vendimia o, tal vez, después de leer este libro seas capaz de considerar que las uvas no son lo tuyo y emprendas un nuevo proyecto de vida que tenga que ver con café o trigo, o puesto de otro modo, un propósito que tenga que ver menos con dinero que con impacto, más placer que obsesión por un puesto, o lo que pueda cambiar en tus propios esquemas. No importa lo que vayas a sembrar, mientras sepas que eso que plantaste dará frutos, especialmente para motivarte y hacerte sentir relevante. El amor, la paz, la salud, la prosperidad, la plenitud y la tranquilidad de vivir, por el tiempo que sea, en el camino correcto, será el objetivo de este proyecto y para ello será necesario reinventarte en gran o menor grado. Pues ahora que el mundo cambió, no puedes volver a lo mismo o ser igual que antes. Tienes todo lo necesario para ser mejor, es sólo cuestión de acomodar bien las piezas, sembrar lo que realmente importa y regar en abundancia.

Terruño

Bien o mal, ya está dispuesto el terreno, y lo que has hecho con él depende de tus decisiones y acciones. Puede que te guste lo que ves o tal vez no tanto, pero lo que te aseguro es que siempre habrá oportunidad de mejorar lo que hasta ahora hiciste en él. Especialmente después de una pausa involuntaria, de un problema de salud que se convirtió rápidamente en un conflicto económico y político en el mundo entero, no puedes pretender que estos años no impactaron tu vida, tu trabajo, tu familia, tu industria o tu mundo. A todos nos cimbró y, por poco que hayas sufrido, has tenido que vivir con zozobra, incertidumbre y padecer cierta falta de libertad.

Cualquiera que haya sido tu experiencia, una cosa puedo asegurarte: tuviste tiempo para valorar tu situación afectiva, laboral, de salud y de felicidad. Permíteme preguntarte: ¿quedaste confinada con las personas correctas? ¿Tenías ahorros para una contingencia? ¿Sentiste que podías aprovechar el tiempo? ¿Conseguiste crecer en tus proyectos personales y profesionales?

No obstante, antes de intentar cambios, ya sean drásticos o sutiles, debemos tener algo claro: lo único que podemos modificar está en nuestro ámbito. No puedo hacer que mi hijo sea religioso o cambie de parecer sobre su profesión, aun si lo deseara con todo mi ser. Puedo, sin embargo, mostrarle mi apoyo porque eso depende de mí. Lo mismo va en el terreno laboral: por mucho que aprecie la honestidad y la ética, no puedo modificar ni controlar la de mi jefe o la de mi colega, sólo puedo apropiarme de esas cualidades y hacerlas parte de mi personalidad porque se trata de mi ámbito. No vale la pena, entonces, que inviertas tiempo y energía en intentar abarcar el ámbito de alguien más, cuando ese esfuerzo bien valdrá la pena capitalizarlo en ti misma.

Una cosa tengo clara: si no puedes aceptar algo en tu vida, tienes que cambiarlo. Y si no puedes cambiarlo, tienes que aceptarlo. Por mucho que quisiera tener el apoyo de mis padres, ellos ya partieron. Entonces me toca aceptar que no están más aquí, eso es algo que no puedo modificar. Sin embargo, puedo intentar revertir la falta de apreciación de los productos editoriales intentando innovar con mi trabajo para mostrar el valor de un libro o una revista. También podría darle vuelta a la página y entregarme al mundo digital, a la consultoría de moda o a vivir como escritora. Hay, en realidad, un mundo de opciones que puedo tomar o dejar porque están en mi ámbito y dependen de mí.

La oportunidad está aquí para que todos nos preguntemos: ¿sembramos lo que necesitamos para este nuevo futuro que se presenta hoy como un lienzo en blanco? ¿Procedemos a cosechar o empezamos por sembrar nuevas semillas? Hagamos este recorrido juntos y después la decisión y el poder de cambiar serán sólo tuyos.

Escasez

Cuando se vive desde el vacío, nada te llena y no hay nada para dar. Todo se mira desde el punto de vista de la austeridad. "Es el ego el que te convence de que tienes carencias, almacena en su memoria todas las experiencias pasadas de pérdida, fracaso, rechazo y decepción", asegura Deepak Chopra. No tengo, no soy, no puedo, no recibo, tampoco doy. Esto queda muy claro cuando estás deprimido. En ese estado crees que todos te debemos algo, te hemos ignorado, lastimado, subestimado, humillado, despreciado o cualquiera que sea el calificativo de lo que, según tú, te hayamos hecho. La vida o nosotros te hemos despojado de algo valioso que, a tu juicio, te ha restado dignidad o validez. Así que no eres capaz de reconocer el amor, propio o ajeno. Te irrita la preocupación de los demás, te laceran los comentarios animosos, te insulta el recuento de tus virtudes, nada es bueno ni suficiente para sanar tu alma. No agradeces. Has perdido la capacidad de soñar. Y lastimar a los demás con tu silencio, tus actos o tus pensamientos resulta ser una dulce venganza por lo que te hemos hecho. Por lo que te estás haciendo a ti mismo.

En el libro *The Craving Mind* (*La mente ansiosa*) de Judson Brewer se menciona una investigación en cuya primera etapa se le pedía a los voluntarios que describieran su estado de ánimo, después se les solicitaba que eligieran fotografías felices o tristes, con lo que se comprobó que las personas que se declaraban deprimidas tuvieron una tendencia muy clara a escoger fotos nostálgicas y desoladoras. En una segunda etapa, el experimento se llevó a cabo con una audiencia diferente, quienes también debían confirmar si se sentían felices o deprimidos, y después tenían que elegir la música de su preferencia. Aquellos que se sentían abatidos por la depresión preferían melodías melancólicas.

En la tercera etapa del estudio se les mostraron diferentes estrategias a los participantes del grupo para poder subir o bajar su ánimo, de manera que pudieran inducir la alegría o la tristeza. Los investigadores encontraron que aquellos que habían confirmado que se sentían deprimidos no optaban por una estrategia que les ayudará a salir de la oscuridad. Por el contrario, se encaminaban hacia las tinieblas en donde, evidentemente, se encontraban en un ámbito familiar. "Esto puede ser raro para aquellos que no están deprimidos, pero para los que tienen depresión puede sonar o incluso sentirse familiar: pueden simplemente sentirse más acostumbrados a ubicarse ahí", confirma Brewer. "Es un suéter que les viene bien, porque quizá se ha moldeado a su cuerpo por haberlo usado tanto".

Sería muy irresponsable hacer una afirmación sobre la depresión como una generalidad, ya que, sin duda, puede ser causada por un desbalance químico y, en este caso, no hay esfuerzo o voluntad que pueda vencerla sin ayuda médica. Para este tipo de padecimiento se requiere supervisión y tratamiento de un especialista. Sin embargo, cuando hablo de depresión, aquí me refiero a lo que todos pasamos, más tarde o temprano, cuando caemos en una zona oscura y melancólica.

Yo, como muchos, podría contar estos episodios con los dedos de una sola mano. No obstante, han sido etapas en las que he tenido que conocer de qué estoy hecha y, claramente, no siempre he quedado bien impresionada.

Nada ha representado la escasez en mi historia como mi deseo de ser madre. Desde joven tuve claro que quería ser mamá, incluso estaba siempre la posibilidad, muy en la superficie, de adoptar un bebé, independientemente de tener hijos biológicos, con o sin pareja. Tras haber tenido problema de fibromas en la matriz, me operaron varias veces para removerlos. Todo parecía haber sido resuelto, aunque el ginecólogo me advirtió que había una posibilidad de infertilidad en mi diagnóstico. Si bien ésa no es una buena noticia para casi ninguna mujer, yo me sobrepuse porque sabía que la opción de adoptar estaría allí. Pasaron muchos años para que la escasez se desplegara con toda potencia. Mientras más deseaba embarazarme, mayor era mi duelo cuando descubría que mi cuerpo no me ayudaba; la muerte se sentía poderosa y eliminaba toda posibilidad de vida. Todo el mundo me decía que era preciso relajarme, que olvidarme del tema sería la solución. Pero, francamente, no sabía cómo quitarme del alma la sensación de carencia, era como sentir que no era digna o capaz. ¿Has escuchado hablar de una mujer que se siente seca por dentro? Pues la descripción en mi caso era bastante literal.

En esa época, mientras luchaba para convencerme de que era merecedora del don de ser madre, todas mis compañeras de trabajo comenzaron a embarazarse. Pasé los siguientes meses de *baby shower* en *baby shower*, de cunero en cunero y de fiesta infantil en fiesta infantil, hasta que mi amargura no me permitió más acompañar a mis colegas en su felicidad. Hubo un caso que recuerdo en especial porque la chica estaba demasiado preocupada por no subir de peso y se privaba de comer. Intentaba conservar su figura incluso cuando ya estaba por dar a luz. Eso me provocó mucha rabia. ¿Cómo podía matar de hambre a un bebé que yo, en su lugar, hubiera alimentado con todo amor?, me preguntaba, sintiendo todo el vacío en mis entrañas.

Al cabo de muchos meses por fin me embaracé, con ayuda médica y de un tratamiento de fertilidad, pero el embrión no se desarrolló. Intenté también dos *in vitro* sin resultado positivo. Mis huevos estaban viejos, no servían de nada y, lejos de poder intentarlo otras veces, el doctor recomendó la opción de una donadora, un vientre prestado o la adopción, como las alternativas para formar una familia. Ahí fue cuando me sumí en un pantano pastoso y oscuro del que no parecía avanzar ni veía oportunidad de retroceder. Era como si no hubiera salida y el deseo de ser madre se desplomaba por completo falto de esperanza.

Para quienes han adoptado, no resultará extraño saber que ese viaje para encontrar una agencia también es sinuoso y, en ocasiones, francamente amargo. En México declararon que a mis 38 años ya era muy vieja para adoptar y apenas me había enterado de mi problema de infertilidad. Hubo quien me dijo, en una casa de adopción, que si me acababa de enterar de que era infértil, no podía adoptar enseguida porque requería dos años de duelo para llorar y después "ya veríamos".

Como si no fuera suficiente sufrimiento haber pasado por el proceso de tratar de embarazarme y fracasar. Como si una madre adoptiva no mereciera a su hijo, como si la cantidad de dolor requerida no fuera suficiente a juicio de las organizaciones que controlan las adopciones en mi país. Obviamente, si a los 38 ya era imposible ser candidata para adoptar, dos años más no facilitarían las cosas. Las posibilidades de adoptar un bebé parecían desvanecerse. Mientras tanto, miles de niños seguían creciendo abandonados en los orfelinatos, sin contar a madres adolescentes o adultas que llevaban en el vientre un hijo no deseado.

Finalmente, fui madre gracias a la adopción y todo lo que había parecido un desierto se convirtió en un oasis. El hombre que era mi esposo y yo tuvimos que recurrir a una adopción en Estados Unidos, ya que en nuestro propio país nos negaron esa posibilidad. Pero superados los innumerables obstáculos, mi vida se colmó de sentido; encontré un eje a través del cual ha girado mi existencia. Hoy, sin embargo, ese bebé hermoso ha crecido para convertirse en un hombre y se ha marchado a buscar su propio paraíso. Actualmente, ante el nido vacío, sería muy fácil volver a percibir escasez. Hay duelo y, si bien es cierto que ya no tengo a quien mimar todos los días, también es verdad que es hora de retomar mi vida como mujer y agradecer la que tuve como mamá de tiempo completo.

Me temo que la soledad, cuando la sientes como escasez, termina llevándote por lugares peligrosos. Las peores relaciones amorosas las he entablado cuando me sentía sola. Fui capaz de elegir a un hombre que no ofrecía nada más allá de su compañía. Tuve la audacia de relacionarme no con quien me hacía feliz, sino con la persona que en ese momento llenaba mi vacío. Pero, como imaginarás, ese hueco se fue agrandando en la medida en que era la persona incorrecta, pues no hay quien pueda servir como un "líquido que llena la alberca de la escasez". La única persona que tiene la posibilidad de revertirla para convertirla en abundancia es uno mismo.

Eso también puede suceder al terminar un proyecto profesional, como en mi caso fue la dirección de la revista *Harper's Bazaar*. Especialmente cuando era un trabajo que me apasionaba, que merecía mi entrega y que me hizo falta tiempo para llevar al nivel que hubiera deseado, creativa y económicamente hablando. Pero así sucede cuando hay una crisis no sólo económica, sino de industria. Tenía dos opciones: ver la ausencia de ese proyecto como un hoyo negro capaz de absorber mi entusiasmo, seguridad y fe en mí misma, o podía dar las gracias por haber estado dos años en esa fantástica revista y mirar mi carrera hacia un nuevo horizonte lleno de nuevas posibilidades.

¿Cuántas veces no te has sentido infértil, acabado, sin rumbo, bloqueado o, peor aún, completamente extraviado en tu carrera? No importa si eres artista, creativo, técnico, científico, intelectual o trabajador independiente, hay veces que simplemente no parece haber sol ni agua para plantar, las semillas escasean y lo que se hizo en años pasados no florece. "Si quieres cosas para sentirte más grande, más fuerte, más seguro y más aceptable para el mundo en general, estás motivado por una sensación de carencia", nos dice Chopra. "La plenitud... existe en tu fuente y cuando vas a esa fuente, aquello que realmente quieres: significado, amor, compasión, autoestima, creatividad y crecimiento personal, se encuentran sin esfuerzo y sin preocupaciones".

En tu carrera profesional hay épocas de lluvia en las que todo crece y florece, y las hay también de sequía, donde nada parece revivir, ni siquiera tu talento. El punto es estar consciente de que se trata de un ciclo y que, como tal, todo lo que baja tiene que subir. Pero mientras las cosas se van ajustando, es imperioso que nosotros tomemos cartas sobre el asunto. Tal vez no tengamos un manantial de ideas, recursos o personas que nos puedan ayudar a regar el terruño, pero necesitamos tomar acciones que nos alejen de la aridez. En mi pasado, el sueño de ser madre me llevó a buscar alternativas de adopción dentro y fuera de mi país. Pero, laboralmente hablando, también he decidido diversificarme, en lugar de llorar mi desventura al ver cerrar una revista o al enfrentar la crisis de salud que me dejó sin empleo.

Diversificar es una solución mucho más práctica y dinámica que empeñarse en insistir en un proyecto, una relación amorosa o una solución que no funciona. Es decir, supongamos que se cerró la escuela en donde dabas clases de francés. Ese colegio ya no te dará empleo. Puedes llorar, maldecir y dejar de dormir por la preocupación, pero no hay nada que puedas hacer para que el dueño de esa institución abra sus puertas y te recontrate. Sin duda, puedes volver a tratar de emplearte como maestro de francés en otra escuela o buscar la oportunidad de convertirte en traductor, ser un intérprete, escribir un libro sobre enseñanza de ese idioma, irte a vivir a otro país y acomodarte en un lugar en el que los migrantes aprenden ese idioma, etcétera. O, bien, está la opción de pensar qué otra cosa quieres hacer. Tal vez puedes retomar la pintura, dar clases de tenis, convertirte en papá de tiempo completo, formar una empresa para producir y vender quesos frescos. Cuando uno lo ve así, las opciones son ilimitadas. Los únicos limitados somos nosotros.

Una amiga perdió su trabajo de maestra, que había ejercido por 20 años, y mientras terminaba el ciclo escolar en curso retomó su sueño de estudiar psicología en la universidad. Hoy cursa el doctorado y se ha convertido en una terapeuta muy exitosa. Sin ese revés laboral, jamás hubiera concebido estudiar de nuevo y realizar un sueño que estaba empolvado por la comodidad de tener un empleo seguro.

También está la elección de darle más peso a otras áreas de tu vida. Quizá esta escasez de trabajo trae una abundancia espiritual o una riqueza en afecto familiar o con tu círculo de amigos. Abre bien los ojos y tu corazón, siente dónde hay algo para ti hoy y ve hacia allá. Si no te queda claro por dónde hay esperanza, entonces ve probando hasta encontrar las zonas en las que se puede sembrar o cosechar.

El bloqueo

Cuando nos sentimos atascados o sin ideas, es hora de irnos por la tangente. Está comprobado que quedarse angustiado frente a una página en blanco o una pantalla sin contenido es aterrador. Peor aun cuando hay una fecha de entrega. No ayuda nada evadir, postergar o utilizar el camino más largo o sinuoso para llegar a la misma conclusión: estás atorado. ¿Quién no lo ha estado? Puede que sea en tu relación amorosa, tanto como en tu trabajo. Es posible que estés con la paleta llena de pintura y un lienzo esperando tus pinceladas, pero simplemente no se te ocurre nada. Estás instalada en la escasez.

¡Cuántas personas no recurren al alcohol, las drogas, el sexo o incluso a la televisión para evadir la angustia de la sequía! ¿Cuántas no habrán procrastinado la decisión, la creación o la confirmación de que hay que hacer un alto y dar un giro? ¿Hacia dónde? Bueno pues, se recomienda que a donde no esté tu sequía, donde no haya ni el recuerdo de ella. Por ejemplo, si sientes que no puedes hacer la presentación publicitaria para tus clientes, sería bueno que vayas a un concierto y después cenes en un buen restaurante. Quizá eso no te asegure idear la estrategia para resolver la campaña, pero te distanciará de ella y te dará un respiro de aire fresco. Nadie puede hacer un buen trabajo sin antes tener una vida estimulante. Recuerdo que un perfumero mexicano, Rodrigo Flores-Roux, quien es ya muy famoso internacionalmente por las maravillosas creaciones que ha hecho, me platicó cómo salió de su atasco creativo cuando tenía que formular un nuevo perfume. Lo único que sabía es que la fragancia se llamaría *Happy*, así que fue ideando las combinaciones que para él podían dar la sensación de felicidad. Pasaban los días y este *nariz*, como se les conoce en la industria a las personas que se dedican a crear fragancias, no había logrado enfrascar la felicidad. Se sentía estancado en la repetición de ingredientes sin lograr un resultado que lo complaciera. Cuando llegó el fin de semana visitó un museo y disfrutó muchísimo la obra de un pintor. De pronto, un lienzo atrapó su atención: en él había tonos oscuros y un punto focal en el que imperaba el color naranja en la composición. Se acercó al cuadro y se dijo a sí mismo: "¡Claro, le falta el cítrico de la naranja!". *Et voilà!* Nació *Happy*, uno de los perfumes más exitosos de la marca Clinique, cuyo empaque naranja irradia alegría, y su aroma, chispas de felicidad.

Nudos

Un buen día estaba en un viaje de trabajo y me encontré gozando de la vista al mar y la compañía que me circundaba. En esa ocasión compartía la mesa con tres personas que habían sido invitadas al mismo destino para un evento de la industria de la moda. Comíamos y charlábamos, y uno de ellos, Yuniet Jaime, un maquillista cubano, muy talentoso, por cierto, nos sorprendió con esta historia:

Hubo un momento en que el diablo se hartó de serlo y decidió cambiar de trabajo. Entonces puso a la venta todas las cosas que conformaban el infierno. Básicamente, el odio, la envidia, los asesinatos, el cáncer, las malas vibras, el terrorismo, etcétera, los puso a la venta en un *garage sale*. Ahí se presentó un cliente, quien le dijo: "Oye, ¿sabes qué?, estoy interesado en ser el nuevo diablo, así que te compro absolutamente todo lo que tienes". El demonio tenía consigo una cajita que no estaba a la venta. El cliente, desencajado, le exigía que le vendiera absolutamente todo el infierno. La respuesta del demonio fue contundente: "*¡No!, esto es lo único que no te doy. Mira, tú quédate con todo, ¡pero esta caja no la voy a vender!*". Sorprendido y curioso, el individuo comentó: "Ok, vale, pero al menos dime qué tienes en la caja". Y el diablo respondió: "Aquí tengo la duda porque con ella, si me arrepiento, vuelvo a montar otro infierno de inmediato".

La historia me quedó troquelada en el alma. ¡Cuántas cosas había perdido por la duda! Un amor sincero, un trabajo estable, la posibilidad de ser o de dedicarme a otra cosa, mi autoestima en más de una ocasión, en fin... Me quedé con ganas de retomar este cuento y conocer en qué contexto se había publicado, así que navegando por internet encontré esta otra versión, que pongo aquí tal como la leí:

El diablo se retira

Cierta vez corrió la voz de que el diablo se retiraba de los negocios y vendía sus herramientas al mejor postor. En la noche de la venta estaban todas las herramientas dispuestas en forma que llamaran la atención y, por cierto, era un lote siniestro: odio, celos, envidia, malicia, engaño... además, todos los implementos del mal. Pero un tanto apartado del resto había un instrumento de forma inofensiva, muy gastado, como si hubiese sido usado muchísimas veces y cuyo precio, sin embargo, era el más alto de todos. Alguien le preguntó al diablo cuál era el nombre de la herramienta. "Desaliento", fue la respuesta. *"¿Por qué su precio es tan alto?"*. "Porque ese instrumento —respondió el diablo— me es más útil que cualquier otro; puedo entrar en la conciencia de un ser humano cuando todos los demás me fallan y, una vez adentro, por medio de él, puedo hacer de esa persona lo que se me antoja. Está muy gastado porque lo uso casi con todo el mundo y, como muy pocas personas saben que me pertenece, puedo abusar de él".*

El precio de desaliento es tan alto que aún sigue siendo propiedad del diablo... El desaliento es uno de los estados de ánimo contra el cual resulta indispensable fortalecerse. Nos desalentamos con la situación económica, con nuestro trabajo, con nuestra familia, con la necesidad de cambio, con los amigos, con el engaño, con la mentira y con el desamor. Debemos mantenernos alertas contra el desaliento. Si se presenta un tropezón o una caída, evitemos entregarnos a la lamentación vacía, hay mucho que hacer antes de sentirnos fracasados, y aun ahí hay un área de oportunidad.

---

* Texto recuperado de www.fabulascortas.info, el 26 de junio de 2012.

La anécdota es la misma, sin embargo, la cajita o la herramienta no, pero ambas son igualmente dañinas, peligrosas y corrosivas. El desaliento es lo que te roba el ánimo, la seguridad y la energía. Todos lo hemos padecido, en mayor o menor medida, y pocos nos sabemos defender o vacunar contra él. Ciertamente, el diablo ha estado ocupado y nosotros hemos sido presas fáciles para él. Sé que la pandemia fue un caldo de cultivo del desaliento, de la duda, del infierno. Pero veremos que estos estados del alma son nudos y, como tales, podemos desatarlos.

Esos nudos pueden ser desde obstáculos ligeros, como tu propia inseguridad, hasta acuerdos añejos que has hecho o han elaborado por ti y llevas cargando a cuestas. Yo no sabía que alguien insertó una semilla que se convirtió en una suerte de programación para adoptar un hijo, y si el mensaje no fue hablado, escrito ni jurado con sangre, algo sucedió energéticamente que yo me presté a cumplir ese compromiso y lo hice cabalmente. Así también sucede con las etiquetas con las que te revisten en la familia. Si dijeron que tú eras la simpática, tu hermana la bonita y tu hermano más joven el inteligente, muchas cosas pasarán en su vida antes de que ustedes puedan sacudirse esas descripciones de su personalidad. De hecho, de no darte cuenta y trabajar en ello seguirás pensando que tu simpatía es una fortaleza, pero dudarás de tu belleza e inteligencia, aun cuando la vida y los que te rodean te digan lo contrario. Eso confirma que debemos entender que hay creencias, juicios y promesas que han crecido con nosotros sin que, necesariamente, nosotros las hayamos plantado, pero las hemos regado al considerar que nos pertenecen como si fueran un órgano más en nuestro cuerpo.

Efectivamente, hay acuerdos, compromisos y herencias que se pasan energéticamente de generación en generación.

Puede que tú no creas en que sucede entre vivos y muertos, pero es preciso que te detengas y analices cuántas cosas han sido predestinadas en ti por tu clan y en tu familia nuclear: la pobreza, el fracaso, los divorcios, la soltería, el crimen, la defraudación, el engaño, la infertilidad, el incesto, por mencionar sólo algunas posibilidades. En mi caso, había una consigna, que si bien no la tenía consciente como tal, estaba latente desde niña: quería adoptar un hijo. Si me hubieras preguntado si ésa era mi preferencia en lugar de parir como todas las madres, nunca la hubiera asumido como propia, pero sé que estuvo siempre presente, como un encargo que debía cumplir. Lo que este compromiso provocó fue increíblemente efectivo, pues encontré las situaciones idóneas para no embarazarme, y cuando pude haberlo hecho ya había estropeado mis óvulos.

La manera en que finalmente entendí lo que había pasado y el compromiso que había cumplido de mil maneras, incluyendo al ser ya la mamá adoptiva de un maravilloso bebé, fue absolutamente extraña. No es que un psicólogo hubiera desenmarañado el nudo de mi comportamiento, ni que yo haya hecho una pausa para entender que había demasiadas coincidencias como para no atar cabos. La pista vino de una médium estadounidense llamada Linda, quien me dio una sesión a distancia por ahí de 2013 y me confrontó con la posibilidad de haber sido programada por una persona que, de alguna manera, se convirtió en energía vital, para que, en lugar de ser una madre biológica, fuera una adoptiva. Todo sucedió mientras yo le contaba que 90% de mis relaciones amorosas las había tenido con hombres que, si no eran huérfanos, habían sido adoptados intrafamiliarmente o venían de una familia carente de uno de los padres. Ese dato le llamó especialmente la atención porque ya había mencionado a mi hijo y, para ella, estaba claro que mi patrón era adoptar también a mis parejas.

Después, Linda, tratando de desenredar la madeja, jaló hebra al preguntarme: "¿Y hay alguien más que haya sido adoptado o que haya adoptado en tu familia?". Mi contestación fue afirmativa: mi madre fue adoptada por una tía. ¡Bingo! Ahí estaba, la consigna venía de ella y yo la cumplí sin que ninguna de las dos lo hubiera hecho conscientemente.

Un ciudadano puede pensar que su país es el centro del mundo y que, por ello, no sólo las naciones vecinas deben admirarlo, sino someterse a sus valores, por ejemplo, sin que de niño haya absorbido conscientemente esa información que le enseñaron sus padres, maestros y líderes políticos. Eso le hará sentir orgullo de su nación y cierto desdeño por las demás. Incluso, puede moldear sus juicios sobre otros idiomas, razas, religiones o culturas. Es posible que piense que no tiene sentido hablar otra lengua si todos deberían aprender la suya, que es preferible ser físicamente como él y sólo es aceptable su estilo de vida. En fin, algo que empezó con una idea concreta puede irse amoldando, creciendo y deformando sin medida, cuando ni siquiera es una noción verdadera, ni este individuo aceptó que se convirtiera en su medida de lo bueno y lo malo.

Ahora imagínate que, en lugar de ese personaje, eres tú quien ha vivido cargando un tejido de creencias, declaraciones, promesas y responsabilidades que forman parte de ti hoy, pero que no están ahí para ayudarte ni para hacerte más genuino. Muchas de ellas te han hecho creer que no eres suficiente o que otras personas no merecen lo que tú sí. Algunas te han dejado escasez, cuando ni siquiera estabas en edad de sembrar. Otras te han hecho nudos ciegos, de los cuales es difícil distinguir el principio o el final de la hebra. Es, pues, un buen momento para deslindarte de las consignas que has heredado, absorbido o adoptado sin que realmente te pertenezcan o convengan. Tú no eres tu clan ni debes pagar deudas por nadie.

Conozco a una mujer que se casó ya en plena madurez. Había tenido varios novios y consideró alguna vez unir su vida a uno de ellos. Pero su historia es interesante y viene mucho al caso porque, después de que su padre murió y que ella rompió absolutamente todos los acuerdos estipulados, verbalmente o de manera implícita con él, encontró a la persona correcta y su matrimonio ha sido fuente de inmensa felicidad y seguridad para ella.

El padre había sido un hombre que con mucho esfuerzo había logrado hacerse de una pequeña fortuna y tenía la idea de que muchos pretendientes buscarían a sus hijas por eso, más que por amor sincero. Entonces se había asegurado de aleccionarlas sobre la importancia de casarse por bienes separados, en caso de un posible matrimonio, además de pedirles ser absolutamente discretas y vigilantes con sus propiedades. Mientras menos supieran sus parejas sobre el capital heredado del padre, mejor. Las otras hermanas se casaron, algunas más de una vez, pero ningún matrimonio parecía funcionar y terminaron todos en divorcio. Incluso se podía cuestionar, en algunos casos, que había existido el interés económico que tanto temía el papá de las chicas. La última en casarse, sin embargo, ya sin tener que cumplir con la lista de requerimientos ni la obligación de revelarse, optó por el rompimiento de esa creencia: se casó por bienes mancomunados, vendió su casa y ya como matrimonio, eligieron una juntos. Abrieron una cuenta en común y viven de lo que cada quien puede aportar, sin secretos, temores ni prejuicios.

Pero también hay otra parte de estos nudos que uno mismo se ha encargado de crear y enredar. Eso puede pasar, por ejemplo, si después de un rompimiento amoroso prefieres mantener clausurado tu corazón, en lugar de arriesgarlo. Otras tantas veces sucede mientras te sientes terriblemente frustrado en tu trabajo, sabes que no sólo no hay crecimiento, sino todo parece empantanado en tu carrera y lo único que te dices es que no hay nada afuera para ti. Es como si el mismo nudo nublara tu perspectiva. Como si desbaratarlo significara el riesgo de perderlo todo, aunque ese todo sea lo que tan infeliz te ha hecho.

Yo te preguntaría: ¿qué opinión tienes de ti? ¿Estás creando un bonsái con tu seguridad al propinarle afirmaciones aplastantes que no la dejan crecer? Esa duda que el diablo parece haber sembrado en tu alma resulta que te la has infligido tú. Soy un perdedor, no sirvo para nada, los números no me salen, todo lo que hago fracasa, ninguna persona me ama... ¿Te pasas diciéndote frases por el estilo? ¿Cómo esperas reaccionar ante ello?

Cambiar el diálogo interior requiere, antes que nada, entender que te estás diciendo cosas que de entrada son falsas. Basta con mirar lo que has logrado para entender que eres mucho mejor de lo que te has considerado. Las evidencias de lo que has realizado son una fantástica manera de probar que has estado instalado en la duda o en el desaliento, pero no en la realidad. En segundo término, es preciso reconocer que no le hablarías así a un amigo, a veces ni siquiera a un enemigo. ¿Por qué te permites hacerlo contigo? También será indispensable aceptar que lo dicho ha dejado una huella, pero los pensamientos no son hechos y, por lo tanto, puedes cambiarlos. Sí, te lo juro: puedes transformar los pensamientos y con ello también los hechos, pero no sin pasar por las palabras. De ahí que tengamos que hablar de las afirmaciones más adelante.

Acuerdos

Es preciso disolver algunos acuerdos y fomentar otros. Empecemos por el principio: el punto de partida es propiciar aquello que te haga crecer, te dé valía y te permita conseguir tus sueños. Eso significa que es indispensable tratarte bien, aunque no estés segura de dónde está eso que llaman amor propio. En este arranque no pido que te hables como a tu mejor amiga, tu hermana querida o tu hija, a quien definitivamente le deseas evitar cualquier sufrimiento e intentarás guiar hacia la felicidad. Con que te empeñes en cuidar tus palabras y pensamientos para tratarte con respeto y darte la oportunidad de probar este acuerdo me doy por bien servida.

No vamos a dejar, sin embargo, que tu inconsciente esté a cargo de este acuerdo, sino que vamos a inducir este diálogo a través de las afirmaciones. ¿Qué son? Se trata de frases que vas a escribir y que te vas a repetir todas las mañanas y noches frente al espejo. Según los científicos y la autora del libro *The Intention Experiment: Using Your Thoughts to Change Your Life and the World* (*El experimento de la intención: usa tus pensamientos para cambiar tu vida y el mundo*), Lynne McTaggart, toma 21 días para que la mente asimile estas afirmaciones como ciertas, por lo que es de suma importancia que te des al menos ese tiempo para llevar a cabo este paso.

Seguramente has tenido la amarga experiencia de haberte despertado con el corazón palpitante, sudor en el cuerpo y una sensación de terror después de una pesadilla. Esto sucede porque, al soñar, el cerebro no reconoce que se trata de un mal sueño en lugar de la realidad. Utilizando ese mismo principio, los guionistas y directores de cine han logrado engañar a los espectadores ante un filme que los hace aterrarse al ver una película de miedo o conmoverse con un drama creado justo para engañar nuestra mente. Un libro nos lleva a vivir las aventuras de alguien: llorar, reír, gozar, tomar partido y aliviarnos cuando el héroe consigue triunfar gracias a la justicia. Entonces, ¿por qué no utilizar la misma técnica para llevar a tu cerebro a pensar que todo está dado: tu éxito, tus sueños o tus más preciados valores?

Las afirmaciones son para ti, nadie las tiene que conocer ni leer. Así que puedes decirte lo que necesitas escuchar y hacerlo en voz alta. Puedes escribir y leer la cantidad de ellas que quieras, pero es mejor que sean cortas para que las recuerdes y te las repitas, incluso durante el día, si las necesitas. Empieza diciendo tu nombre completo: Yo... (tu nombre), y continúa con tus afirmaciones para empezar a concluir tu día.

Considera las siguientes sugerencias para hacer más eficientes tus afirmaciones:

- Hazlas en presente: no importa que no se hayan cumplido, el tiempo presente hará que tu mente las asimile como un hecho y, por lo tanto, sean vigentes en ese momento.
- Que sean en positivo: así que, en lugar de decir algo como "Que no pierda dinero en esta crisis", puedes afirmar: "Que gane rendimientos en esta crisis" o "Gracias por conservar mi capital intacto en esta crisis".
- No tengas miedo de expresar tus deseos: nadie te va a juzgar si estás siendo ambiciosa. De hecho, se trata de ¡soñar en grande!
- Dalo por hecho: afirma con seguridad para que tu mente lo sienta como una realidad.

Después de hacer mis afirmaciones ante el espejo, suelo concluir: "Así sea, así ya es". A continuación te comparto algunas de mis afirmaciones:

Yo, Lucy Lara...
- Me miro.
- Me reconozco.
- Me acepto.
- Me escucho.
- Me hablo positivamente.
- Me cuido.
- Me respeto.
- Amo y honro quien soy, siempre.
- Me sé luminosa.
- Me sé buena madre, hermana, amiga y pareja.
- Me sé creativa y productiva.
- Dejo ir mis miedos para fluir en la creatividad.
- Soy apreciada y bien pagada donde quiera que trabajo.
- Hay oportunidades de trabajo para mí en todos lados, tengo opciones ilimitadas.
- Sé generar mi abundancia, mi felicidad, mi trabajo estimulante y el amor en mi vida a través de mi intención, de mi intuición, de mi fuerza y de mi poder.
- Soy saludable física, económica, mental y emocionalmente.
- Agradezco que mis proyectos sean estimulantes, prósperos y ayuden a despertar el poder de hombres y mujeres de cualquier edad.
- Así sea, así ya es.

Voy cambiando mis afirmaciones conforme necesite refuerzo, modificar mi mentalidad o librar la batalla con mis propios miedos, así que algunas frases se modifican, pero otras, como las que ves al principio de la lista, las confirmo todos los días.

Déjame decirte que hay personas que se sienten intimidadas por tener que escribir y después decir sus afirmaciones. También existen otros individuos que prefieren omitir este paso porque lo consideran casi esotérico. No obstante, unos y otros ignoran que lo que se dicen, cuando no hablan, son afirmaciones y su seguridad o bienestar pueden ser vulnerables ante ese diálogo interno corrosivo y tóxico. El punto es que, si de todas maneras vas a hacer afirmaciones, pues aplícate para que sean positivas, enriquecedoras y te hagan sentir una ganadora, en lugar de una perdedora. Recuerda lo que dice Oprah Winfrey: "Te conviertes en lo que espera tu corazón", y si lo condicionas a una expectativa baja o a la decepción constante, eso es lo que obtendrá.

Otros acuerdos importantes para mí consisten en rodearme de personas luminosas y sanas emocionalmente, de manera que pueda crecer como ser humano, aprender y compartir con ellas. Por eso, primero tengo que sembrar la semilla de sentirme luminosa y vibrar alto para reconocer a otras personas con luz.

Respecto de la labor profesional, no siempre es fácil controlar quién será tu equipo de trabajo: jefes, colegas, clientes, etcétera. No obstante, lo que tiene que ver con tu ámbito puede ser parte de tus nuevos acuerdos. Por ejemplo, decidir no hacer nada que vaya en contra de tus principios, defender a tus subalternos, ser fiel a tu talento o no dejarte corromper jamás en defensa de tu dignidad y prestigio. En cuestión de tu carrera, debes saber que tú tienes la sartén por el mango. Pero de nada sirve si no sabes qué quieres de ella. Por eso, es importante que, dentro de tus acuerdos, consideres tus propios valores.

Un valor es algo verdaderamente importante, con lo que te identificas y te llega al corazón. Hay una frase que dice que Dios no te confrontará cuando mueras con el cumplimiento de los 10 mandamientos (o las reglas de cualquier religión), sino que te cuestionará qué hiciste con el tiempo y el talento que te regaló. Ahí está la diferencia. Déjate soñar y decide cómo sería tu empresa, tu profesión, tu puesto y tu vida si pudieras modelarlos. Elige, desde hoy, cinco valores que sean los pilares de tu carrera y plantéalos no como conceptos vacíos, como creatividad, integridad, etcétera, los cuales pueden implicar diferentes significados para ti y tu equipo, sino como una descripción de la acción para que todos sepan, y tú más que nadie, específicamente a qué te refieres. Piensa en la implicación que tienen éstos en tu día a día y también a largo plazo: ¿quieres un presente relajado, un legado reconocido, un negocio seguro o viajar por el mundo? Eso no lo decide nadie: tu esposa o tu esposo, tu padre, tu jefe o tu *coach*. Eso lo decides y diseñas tú, haciendo tus propios acuerdos.

Por ejemplo, mis valores son:

1. Que todo lo que haga me permita expresarme y reinventarme con *creatividad*.
2. Hacer mi labor *libremente* con mis propias reglas profesionales, económicas y éticas.
3. Trabajar con tres aspectos que *me apasionan*: diseño, autoestima y poder para beneficiar a mi comunidad.
4. *Aprender* todos los días satisfaciendo mi curiosidad y nunca dejar de buscar nuevos talentos.
5. *Sentir felicidad y placer* de llevar a cabo mi trabajo porque lo que más amo de mi carrera es que la he gozado tanto que a veces me parece que podría hacer lo mismo gratis, por el placer enorme que me brinda. Me da

inmenso gozo cuando una persona me dice que se siente más poderosa después de leer un libro mío, escucharme en una conferencia o ver mis videos de mi canal de YouTube.

Ahora te toca a ti. Tómate unos minutos y define tus valores. Hay quien pone como valor la alegría, la compasión, la salud, el dinero, el reconocimiento, el impacto, dejar un legado o el aprovechamiento del tiempo. Todo se vale, mientras que para ti sea lo más relevante y satisfactorio. Una vez que has determinado tus cinco valores, identifica si estás honrando alguno de ellos en el presente. Si sientes que no completas cinco, puede elegir cuatro o tres.

En un curso de *coaching* aprendí a hacer una brújula de valores, que no es más que una referencia visual o *mood board*, donde colocas tus cinco valores a manera de pastel y cada uno representa una rebanada usando viñetas, fotos, frases o palabras que te remitan a ellos. Coloca esa brújula en un lugar que veas muchas veces al día, quizá en un cartel frente a tu escritorio o como pantalla de entrada en tu teléfono para verlo tan seguido como sea posible; reafirma tus convicciones, felicítate si los estás viviendo, recapacita si no los has honrado y déjate llevar por ellos. También se vale revisarlos y transformarlos conforme tus circunstancias o tu carrera lo requieran. Haz los acuerdos que te funcionen y te empoderen. Cámbialos si sientes que no resuenan más en tu vida; los valores pueden modificarse conforme vas madurando. No dudes, cree en el inmenso poder del pensamiento.

Miedo

El miedo es un estado irracional basado en una especulación. "Nos lleva a un pánico irreal. Fomenta el hábito de la preocupación constante y la previsión de los peores escenarios", confirma Chopra. La naturaleza nos dio la posibilidad de reaccionar al sentirnos amenazados. Si ves que viene un león es lógico y deseable que corras para salvar tu vida. El problema es cuando nos pasamos viendo leones donde no los hay y vivimos en un constante estado de alerta que no nos da paz. Por el contrario, temer escenarios funestos, que nos han quitado el sueño y llevado el estrés a tope, nos hace formular planes de supervivencia. Sin embargo, esas catástrofes pocas veces nos alcanzan, y cuando lo hacen suelen manifestarse en una forma muy diferente de la que imaginamos, por lo que todas las estrategias de crisis que preparamos no son aplicables. Perdimos tiempo, energía y tranquilidad. Eso te resta calidad de vida y claridad de pensamiento.

Yo no sólo he vivido en un estado de alarma constante, sino que noto mi gran propensión a sentir prisa constantemente, como si mi vida fuera una carrera contra el tiempo y tuviera que elegir rapidez, por encima de vivir los procesos con calma, paciencia y aprender de cada uno de ellos. Mi miedo, por lo tanto, no siempre se presenta con cara de ladrón o de león, sino de morir en el intento.

El miedo se alimenta del futurismo: *¿y si me despiden del trabajo?, ¿me irá a abandonar mi marido?, ¿tendré cáncer?, ¿robarán mi casa mientras estoy de vacaciones?* ¿Cuántas de esas aseveraciones que te atormentan se hacen realidad? Digamos, siendo generosos, que un diez por ciento. Para ese porcentaje, la solución es ponerle un hasta aquí a tu vulnerabilidad: habla con tu jefe o tu esposo y aclara tu situación con ellos, realízate los estudios necesarios para eliminar la sospecha de que tienes cáncer, pon seguridad y una alarma en tu casa. Lo que no se vale es que pierdas de vista lo maravilloso que tiene la vida por andarte inventando escenarios desastrosos que te restan sueño y, para colmo, te hacen comportarte como si todos tus temores estuvieran bien fundados, dejando que dañes relaciones, pierdas empleos y te forjes un futuro fracasado. Incluso puede que, a través del miedo, logres materializar tus especulaciones.

En mis libros anteriores hablo de los principales miedos que nos acosan: los de no pertenecer, no ser suficiente, no ser amado, por ejemplo. Sin contar lo que amenaza tu vida, de manera real o como producto de tu imaginación, que son de carácter más práctico: tu prosperidad, seguridad, derecho al trabajo, calidad de vida, relación de pareja, familia, salud física y mental. Para los que somos padres, para colmo, los temores se extienden a nuestros hijos y su bienestar. El miedo nos domina cuando estamos en escasez. Todos los pensamientos que tienes están controlados por el miedo: ambición, celos, envidia, egoísmo, porque actúas desde el modo supervivencia.

Todas estas cosas nos hacen sentir vulnerables porque no siempre están en nuestro control, y la pérdida o disminución de una repercute directamente en nuestro balance emocional y social. No obstante, vivir desde el miedo, temiendo, por ejemplo, que vas a infectarte del coronavirus y morirás dejando a tu familia desamparada, te hará vivir en un estado de alerta, con una cantidad de estrés y ansiedad que no te permitirá responder bien a tus labores profesionales, ni actuar funcional y amorosamente en sociedad, y deteriorará tu salud, causando defensas bajas que te harán una presa fácil de enfermedades.

El miedo, en realidad, es un compañero nefasto, no sólo porque frena tus posibilidades de éxito, sino también porque se convierte en un gran ladrón de tu felicidad. Pero existe y es tan imposible ignorarlo como tapar el sol con un dedo. Ahí está y hay que ser capaces de reconocerlo y llamarlo por su nombre.

Hay una parte en el libro de Elizabeth Gilbert, *Big Magic* (*Libera tu magia*), que me encanta. Trata de cuando la autora, cuyo éxito más conocido fue el libro que después se hizo película, *Comer, rezar, amar*, se entrega a un proyecto creativo. Como cualquier artista, la guía el ímpetu de expresar una idea. Pero el miedo es parte del proceso: sí, en un principio tal vez se presenta al murmurarte al oído que no eres suficientemente capaz de crear lo que tienes en mente, siembra la duda o va directamente al desaliento. Más adelante, el miedo toma forma de bloqueo, procrastinación o la necesidad de beber alcohol o drogarse para propiciar la creación. Si nada de eso surtió efecto o hubo una buena resistencia de tu parte, el temor estará esperando a la vuelta de la esquina al momento del estreno de la obra de teatro, de la exposición de pintura, el concierto o la publicación del libro. Llámalo como quieras, pero hay esa sensación de que a nadie le gustará lo que has hecho.

Gilbert no es inmune a esta secuencia de encuentros con ese ser oscuro llamado miedo, pero, en lugar de huirle o mirar hacia otro lado, lo invita a su aventura. Ella describe ese proceso creativo como un viaje en auto, en el que lleva en el asiento del copiloto a la creatividad, mientras que al miedo lo coloca en el asiento de atrás. Al miedo le puede compartir los *snacks* en el camino, pero le prohíbe elegir la música de la radio o tomar el volante. Así es como a nosotros nos toca tratarlo: como a un compañero indeseable, pero sabemos que debemos llevarlo con nosotros y capotearlo para cumplir nuestras metas.

Está ahí y lo conocemos. Recuerda que el miedo no es la ausencia del valor, sino poder seguir adelante a pesar de él.

Para colmo, el miedo apesta. Pensarás que nadie puede percibirlo mientras estás exponiendo frente a tu equipo de trabajo o cuando encabezas una negociación, pero el miedo es un gran chismoso y te va delatando a través de tu comunicación verbal y no verbal, así como en tus decisiones. De pronto, algo ha esparcido la noción de que estás inseguro, de que te sientes en un abismo y, lejos de despertar compasión en los demás, funciona como si echaras una cubeta de sangre en el mar en el que nadan decenas de tiburones. Ahí, las lealtades se desvanecen y los enemigos se ensañan. Ya había dicho que el miedo es un pésimo acompañante, y esto no sólo aplica porque la gente reconoce cuando lo llevas contigo, sino porque suele atacar a tu confianza, más tarde que temprano. A la gente no le gusta que sientas temor, así que prefieren eliminarte antes que tenerte compasión o convencerte de que tu temor es infundado. Al dinero tampoco le gusta el miedo, por eso en cuanto se aparece el primero, desaparece el segundo.

Debra Landwehr Engle, autora del libro *The Only Little Prayer You Need* (*La pequeña oración que necesitas*), propone que en lugar de rezar pidiendo que el mundo externo cambie para obtener la felicidad con plegarias como: "Por favor, salva mi matrimonio o dame más dinero", digas lo que verdaderamente busca una transformación interna, como esta oración: "Por favor, sana mis pensamientos basados en el miedo". Así, sin importar dónde estemos o qué esté pasando en nuestras vidas, podremos encontrar la paz. Con ello, dice la autora, podemos combatir todos esos miedos que rigen nuestra vida, como es el no sentirnos suficientes, que no nos merecemos estar en cierto lugar o circunstancia, ser amados o ser felices.

Ansiedad

Los pensamientos no son hechos. Sin embargo, se parecen demasiado a ellos y nos hacen confundirnos. Ésa es la gran contradicción que debemos desenmarañar: por un lado, si piensas que tu pareja te es infiel, no quiere decir que sea cierto. Mas el hecho de que tu pensamiento lo dé por una realidad, te hace actuar en consecuencia. Por otro lado, está la posibilidad de forjar tus propios pensamientos para, primero, engañar a tu mente y, después, lograr que se transformen en algo auténtico. Esto sucede con las afirmaciones. Cuando dices: "Soy capaz", por ejemplo, de tanto repetirlo llegará un momento en que lo hagas parte de tu sistema de creencias y lo encarnes, o lo "encuerpes" como dice mi amiga la *coach* de vida Zazil Romo. Es como cuando sueñas algo tan real que, al despertar, dudas si realmente todo sucedió. Eso es exactamente lo que pasa con las creencias que manejas: las vives de facto y el cuerpo no pone resistencia en asimilarlas con certeza.

La ansiedad, en este sentido, suele ir tomando por bueno algo que no ha pasado. Sufres por pensar que tu hijo ha tenido un accidente, porque no ha llegado a casa, ni se ha reportado, pero no tienes ninguna evidencia de que eso haya sucedido. No obstante, lo vives como un hecho consumado. La adrenalina de esa especulación no te permite dormir, el estrés se apodera de ti y, cuando ves entrar en casa a tu adolescente completamente desenfadado, todo se convierte en ira hacia él. O despiertas a medianoche porfiando que has extraviado tu pasaporte y, por ello, será imposible hacer tu viaje de negocios a la mañana siguiente. Ni siquiera has buscado el documento, pero algo te dice que no lo guardaste y probablemente se ha perdido en el desorden de tu clóset o, peor aún, pudiste haberlo tirado la última vez que estuviste en el aeropuerto. ¿Suena absurdo estar preocupado por algo que tu mente ha sembrado para inquietarte, sin tener ninguna evidencia de que sea cierto? Pues no sé a ti, pero a mí me pasa todo el tiempo. Es preciso dejar de gastar energía preciosa en una sospecha, como que traspapelaste el pasaporte, y preocuparte sólo si es un hecho comprobado. Yo tiendo a hacer lo primero por naturaleza, pero después me digo con toda paciencia: "¿Te consta que el pasaporte no está donde siempre lo dejas? Ve a buscarlo y después te preocupas si no está ahí".

A las mamás, especialmente a las primerizas, suele angustiarles que su bebé muera en la cuna. Esa zozobra las tiene sin dormir, revisando constantemente si se empaña el espejo que ponen bajo la naricita del bebé, quien duerme plácidamente la siesta. También está la ansiedad por reprobar un examen, perder el avión, haber extraviado las llaves o pensar que el parquímetro de tu auto expiró y ya te lo han inmovilizado. Toda la angustia se basa en una suposición falsa que no tiene más objetivo que mantener el estrés al límite. Lo práctico es pensar que, si nuestra angustia se basa en suposiciones sin bases reales o comprobables, debemos dejar esa preocupación a un lado. Por eso, la gente práctica sugiere *ocuparse* en lugar de *preocuparse*. Ve y busca tu documento antes de darlo por perdido. Localiza un estacionamiento privado para poder disfrutar la reunión o la película en lugar de sufrir por algo que es probable que no vaya a suceder y te está arruinando la noche. Vive el presente, no el futuro, y si ya vas a intentar adivinar lo que pasará, hazte la vida más fácil tomando ciertas precauciones, en lugar de dejar que todo se lleve a cabo en tu imaginación.

Pero no toda ansiedad surge desde una situación de desventaja o del estrés comunitario provocado por una persecución, una guerra o una pandemia. Hay veces que llega cuando parece que nos encontramos en una circunstancia privilegiada. En esos casos suele atacar un fenómeno denominado como el síndrome del impostor. Sucede cuando una persona que está en cierta posición, personal o laboral, siente que no la merece. Puede ser que la han ascendido a un mejor puesto, que acaba de recibir una herencia, que está casado con alguien que fue más popular en la escuela o que ha recibido un reconocimiento por su trabajo. El punto es que, lejos de sentir satisfacción y el ímpetu de ir por más en su vida, le atormenta la idea de que todo ha sido una terrible equivocación, que, al no ser merecedora de estar disfrutando de tan buena situación, se ve y se trata como una impostora. Ese malestar le crea una ansiedad constante porque siente que algo está próximo a suceder y será descubierta, puesta en ridículo y, desde luego, se le mandará de regreso al lugar que le corresponde en el mundo de los perdedores.

Así las cosas, este individuo suele trabajar tres veces más duro en cada proyecto, pues quiere compensar por "su falta de talento" y evitar que noten que "no tiene las capacidades" que se le adjudican. Tristemente, eso no sólo representa para él un desgaste físico y mental, sino un problema de productividad para la empresa donde trabaja, pues, lo que se supone que le debería llevar una tarde de trabajo, puede consumirle una semana y nunca queda completamente complacido. Del mismo modo, no sabe escuchar los halagos, ignora o desdeña la retroalimentación positiva y, en cambio, suele exagerar los talentos o logros ajenos, que siente que lo minimizan y lo exponen cada vez más como un fantoche. Es obvio que, cuando se le presentan oportunidades laborales o sociales importantes y retadoras, desiste antes de siquiera considerarlas. La razón: mientras más relevante sea la meta, mayor será la exhibición de su ineptitud y, desde luego, más estrepitosa la caída hacia el fracaso. Aislado, ansioso, preocupado y sintiéndose un mentiroso de pacotilla, este ser privilegiado sufre constantemente mientras su equipo, sus superiores, su pareja o sus colegas, quizá no han sospechado jamás la agonía que día y noche representa para él salir con una máscara de triunfador, cuando se siente y se asume como un fraude.

Este síndrome lo padecen principalmente las mujeres, aunque también ataca a los hombres y es más frecuente en los jóvenes que en los maduros. La ansiedad de vivir como un impostor o una impostora puede llevar a que una persona dude de algo tan real como su matrimonio, que cuestione las intenciones reales de su cónyuge, que rete incluso la decisión del jurado en un concurso, argumentando que todo fue un error o cuestión de suerte. El caso es que estas mujeres y hombres no pueden ver sus méritos, sus cualidades, ni el cariño, el respeto o la admiración de los demás hacia su persona.

¿Cómo podemos salir de este cuadro del síndrome de impostor? El primer paso, sin duda, es darnos cuenta de que lo estamos experimentando. Quizá no sepas el nombre de este fenómeno, pero la ansiedad es el hilo conductor que te lleva de un punto a otro en el camino a tratar de no ser descubierto. Es preciso que, una vez que reconozcas que estás en esa compleja situación, busques evidencias para comprobar, como si fueras el abogado del diablo, que todo lo que te ha dicho tu mente es falso. Puedes, por ejemplo, ver tus calificaciones en la universidad, los reconocimientos que te han sido otorgados por tus tareas en el trabajo, el tiempo que llevas de casado o en tu puesto y el evidente éxito que has cosechado. Si todo eso aún no te convence, recurre a las personas de tu mayor confianza y pídeles que te ayuden a encontrar la certeza de que estás en el lugar que mereces por mérito propio y bien ganado.

Lo que queda claro ante cualquier tipo de ansiedad es que hemos consumido tiempo, energía, salud y paz en prepararnos para un escenario que no existe en el presente: catástrofes que no fueron, desventuras que sufriste como ciertas y pagaste sus facturas, sin que tuvieran un ápice de realidad. Es, en concreto, un desperdicio de tiempo y recursos que, lejos de ayudarte, te frenan y te demeritan. No obstante, distinguir entre la realidad y la propia ficción de tus pensamientos requiere que te formes un hábito: poner en cuestionamiento lo que te angustia, verificar si tiene fundamentos y desestimar las conclusiones que no están relacionadas con la realidad. Al mismo tiempo, te pido que practiques las afirmaciones para que se conviertan en esa verdad que sólo tú puedes crear.

Vulnerabilidad

Según la Real Academia Española, ser vulnerable significa que puedes ser herido o recibir una lesión, física o moral. De alguna manera, ser vulnerable es un estado en el que has abierto las barreras y te quedas sin protección. Por eso, cuanto más enamorada te sientes, es probable que estés más proclive a ser lastimada. El problema es que sin esa apertura no hay manera de que entre el amor al corazón, ni que se disfrute una relación de pareja en plena sintonía. Algún día escuché decir al autor y conferencista Simon Sinek que la vulnerabilidad no es anunciar tu dolor, sino ponerte ahí y compartirlo con la persona en quien confías. No es en vano que la analogía de desvestirse cuando amas sea literal y metafórica, pues has de desprenderte de toda protección, de toda armadura y toda duda, para quedar frente al otro como llegaste al mundo.

"La vulnerabilidad es lo primero que queremos encontrar en las personas y lo último que deseamos mostrarles de nosotros mismos", asegura Brené Brown en su nuevo libro *Atlas of the Heart*. Pues no siempre resulta fácil exponer la desnudez metafórica. A veces podrás haberte desvestido, pero en tu interior estás armada hasta los dientes porque temes que alguien vuelva a abandonarte o a abusar de tu cariño. Otras tantas, por el contrario, puedes parecer completamente dura y calculadora, y por dentro sentirte absolutamente en riesgo de ser masacrada. Pero, como en todo, ningún extremo es recomendable. Temer o estar ansiosa por lo que pueda pasar es tanto como vivir en una pesadilla que tú misma te has construido.

En una meditación guiada Chopra dice:

> La vida no puede fluir naturalmente si opones resistencia, ni siquiera puedes saber cómo se siente su flujo. Lo opuesto a la resistencia es la aceptación que implica estar abierto, no juzgar, tener confianza, optimismo y relajarse. El ego tiene dos intenciones: obtener tanto placer como sea posible y disminuir tanto dolor como sea posible... El problema es que el ego busca el momento presente refiriéndose al pasado, de esta manera no vives el presente, tienes una serie de recuerdos etiquetados como: "Me gusta esto o no me gusta aquello". La experiencia real está muerta y aun así tu ego opera como si el momento presente reviviera el pasado... El amanecer de la aceptación te trae el flujo del amor, la creatividad, la paz interior y la evolución personal, que es justo aquello que deseas más profundamente.

La vulnerabilidad sin duda te sensibiliza para ser más comprensivo, solidario y compasivo. Pero cuando va acompañada de miedo suele ser un freno de mano muy potente en contra de cualquier riesgo. El asunto es que nadie gana sin un margen de riesgo. De hecho, todos los triunfadores se han consumado como unos campeones en el fracaso y es justamente su capacidad de levantarse y salir adelante lo que los hace llegar a su meta. "El éxito depende de saber capitalizar tus errores", afirma Anna Wintour, quien ha sido directora editorial de *Vogue* Estados Unidos, es la Global Chief Content Officer en Condé Nast y, sin duda, una de las mujeres más influyentes en la industria editorial de la moda en el mundo. Si tú no puedes abrirte a este camino, que ofrece 50% de posibilidades de éxito y 50% restante de fracaso, porque consideras tu sensibilidad extrema al rechazo, al error o a la exhibición pública de tu descalabro, jamás vas a tener grandes logros. Y eso, desafortunadamente, tampoco te vacuna contra el fracaso, así que, ¿qué puedes perder apostando en grande?

Cuesta trabajo decir que eres estéril, soltera, divorciada, desempleada, analfabeta, pobre o lo que creas que te hace sentir desnuda ante la sociedad, sin nada que te proteja o que te regrese la dignidad. Pero debes preguntarte si esa vulnerabilidad no está basada en querer agradar a los demás y cumplir con "los requisitos de una persona triunfadora" que nos ha impuesto la sociedad.

¿Recuerdas la escena en la que Bridget Jones llega a una cena en la que ella es la única que asiste sin pareja? Esa misma situación la he vivido muchas veces y debo decir que no sólo me he sentido vulnerable, sino que mis propios amigos y anfitriones se han encargado de señalarme como desigual, rara o defectuosa, por no llevar a un hombre a mi lado. No obstante, eso sucede sólo si yo les doy el poder para que así sea. Puedo optar por cancelar, para evitarme el trago amargo, fingiendo que estoy enferma o que surgió un contratiempo. O puedo ir y sentarme armada con la seguridad de que ellos no pueden juzgar mi éxito o felicidad porque simplemente no les doy permiso. Cierro mis puertas y me visto de independencia, con la certeza de que el dicho "más vale sola que mal acompañada" no podría quedarme mejor. Ahora que, si quieres un argumento más para probar este punto, déjame decirte que también he ido acompañada o casada a una de esas reuniones, y eso no quiere decir que he estado más feliz, con mejor ánimo o menos sola que cuando me presenté sin pareja. Así que muchos de los que te hacen sentir como un fenómeno por no cumplir con sus requisitos absurdos, lo hacen porque la están pasando tan mal que no quieren ser los únicos experimentando ese sufrimiento. Recuerda: la miseria adora sentirse acompañada.

Arrepentimiento

El arrepentimiento no es otra cosa que la valoración de una experiencia pasada en la que desearíamos haber procedido de manera diferente. A pesar de que se trata de una emoción importante y perturbadora, es probable que la hayas subvalorado. Lo cierto es que el arrepentimiento puede ser un ancla que te estanque en el pasado, con el peso de la culpa y la imposibilidad de hacer algo al respecto. Puede que estés arrepentida por haber herido a un ser amado, que hayas cometido un error con consecuencias catastróficas o que te permitieras seguir tus impulsos violentos. Pero ya está hecho, ¿ahora qué? Tienes dos caminos: el primero es rumiar toda la vida deseando que tus acciones hubiesen sido diferentes. El segundo es entender de una vez por todas que "el hubiera no existe" y sólo queda hacernos responsables de lo que pasó, admitir que nos equivocamos y así mejorar cuando se nos presente alguna otra ocasión. Eso hará que, en lugar de anclarte en un pantano de arrepentimiento, tengas una verdadera motivación para cambiar y, si es posible, reparar los daños.

La culpa, por su lado, es pariente del arrepentimiento. Sin embargo, mientras éste vive estancado en el pasado, aquélla puede habitar en el pasado, en el presente e incluso en el futuro. Por ejemplo, te puedes arrepentir de no haber ido al torneo de tenis de tu hijo. Eso significa que no fuiste y, en su lugar, elegiste otra cosa que hoy hubieras preferido no hacer si pudieras regresar el tiempo. Pero la culpa puede haber estado presente y activa en tu corazón en el momento en que decidiste no ir, también es posible que haya estado atormentándote mientras estás en el sitio que elegiste cambiar por esa actividad y, para colmo, su presencia trasciende por años en tu futuro y en el de tu hijo.

Sin duda, podríamos adjudicarle el mismo propósito a la culpa que al arrepentimiento: recapacitar en una siguiente ocasión. El punto es que la culpa tiene siempre una cara oscura: no representa la oportunidad de cambiar o mejorar porque no se controla a voluntad, ni es necesariamente consecuencia de un acto reprochable y, en cambio, promete estropear todo momento en el cual esté presente. La culpa nace al pensar que algo hiciste mal, pero también de la terrible sensación de que eres una mala persona. Así, sin mayor fundamento, se convierte en otra amarga compañera, cuya única función es arruinar tus momentos armoniosos y actuar, después, como si le debieras algo a los demás.

Conozco de sobra ese sentimiento. Incluso puedo decirte que es un tópico frecuente entre las mamás que trabajamos. Vas a la oficina y sientes culpa por haber dejado a tus hijos con la niñera, pero, cuando regresas a casa, igual la experimentas por abandonar la junta antes de que se terminara para estar con tu familia. Con toda esa culpa a cuestas, ¿quién gana? ¿Tu empresa? ¿Tus hijos? ¿Tú? ¡Nadie! Ésa es la cruel realidad de esa sensación pesada y agotadora que puede instalarse contigo en un avión, en el hotel y hasta meterse en tu cama como un amante.

Semillas

Un hombre entró a un local y vio a un señor en el mostrador. Maravillado con la belleza del lugar, preguntó:
—Señor, ¿qué vende aquí?
—Los dones de Dios —le respondió el señor.
—¿Cuánto cuestan? —volvió a preguntar.
—¡No cuestan nada! Aquí todo es gratis.
El hombre contempló el local y vio que había jarros de amor, frascos de fe, paquetes de esperanza, cajitas de salvación, mucha sabiduría, fardos de perdón, paquetes grandes de paz y muchos otros dones. Maravillado con todo aquello pidió:
—Por favor, quiero el mayor jarro de amor, todos los jarros de perdón y un frasco grande de fe para mí, mis amigos y mi familia.
Entonces el señor preparó todo y le entregó un pequeño paquetito que cabía en la palma de su mano.
Incrédulo, el hombre dijo:
—Pero ¿cómo puede estar aquí lo que pedí?
Sonriendo, el señor respondió:
—En el Local de Dios no vendemos frutos, sólo semillas. ¡Plántalas!

Parecería que todos nacemos sin equipaje, con nuestra vida en blanco, como un lienzo cuyas posibilidades son infinitas. No obstante, hay circunstancias y personas que nos esperan y marcarán parte de lo que terminaremos expresando en ese cuadro que pintaremos con nuestra vida. Adicionalmente al tipo de sociedad, situación social, sexo o país en el que naciste, o hay una dosis de genética que influye de algún modo en cada individuo. De tres hermanas, por ejemplo, puede haber dos extremadamente hábiles con los idiomas y la tercera no puede dominar ni uno. Hay características físicas que se convertirán en parte fundamental del aspecto en un individuo que nunca eligió tener los ojos azules, el pelo ensortijado, los brazos cortos y un lunar prominente en la espalda. Otras cosas relacionadas con el carácter también pueden adjudicarse a lo que heredamos de nuestros padres, tíos, abuelos, etcétera. Sin embargo, quedan muchas otras que resultan ser elecciones nuestras y de nadie más.

Aquí viene al caso este relato, que me gusta mucho: Una mañana, un viejo cheroqui le contó a su nieto sobre la batalla entre dos lobos que están dentro de nosotros. Uno es malvado, lleno de ira, envidia, celos, tristeza, pesar, avaricia, arrogancia, culpa, resentimiento, soberbia, falsedad, orgullo, complejo de superioridad, desprecio y un enorme ego. El otro, en cambio, es bueno, pues posee alegría, amor, esperanza, perdón, serenidad, humildad, lealtad, empatía, generosidad, honestidad, compasión, fe y paz en el corazón. Ambos lobos se enfrentan todo el tiempo en nuestro interior, dice el anciano al pequeño. "¿Qué lobo vence?", pregunta curioso el niño. "El que alimentes más", concluye el abuelo. Sin duda, los valores y actitudes competen a nuestro ámbito y, por lo tanto, podemos modificarlos a nuestro antojo y vivir alimentando al lobo bueno o al malvado.

Por eso, viene a mi mente una dinámica de grupo que me enseñó Bianca, una chica que formó parte de mi equipo de trabajo hace algunos años. A este ejercicio lo llamaré la Capa de las Virtudes, en vista de que no recuerdo si tenía un nombre y he perdido el contacto de quien nos lo mostró. La primera vez lo llevamos a cabo en la celebración navideña y, desde entonces, retomé esta actividad como parte del brindis para despedir el año como grupo laboral. Para llevarla a cabo se requieren unas cartulinas en blanco, que se perforan en la parte superior para atar un listón y que cada una pueda convertirse en una capa. Cada persona del equipo se cuelga su capa en la espalda y se hace una fila para quedar uno detrás del otro. Entonces todos (menos el que estaba al frente de la fila, por el momento) se disponen a escribir en la capa, anónimamente, tres cosas que admiran de la persona que les queda enfrente. Dichas virtudes, sin embargo, no pueden deberse a la genética o a circunstancias que esa persona no haya provocado. Por ejemplo, no podemos halagar su brillante y oscura cabellera porque, a pesar de que pudiera cuidarla mucho, gran parte de su aspecto se lo debe a la herencia familiar; tampoco vale mencionar su acento francés tan encantador, pues no es algo que haya cultivado con la práctica. A cambio, podemos mencionar la actitud positiva, una creatividad desbordante, un gran liderazgo, la maravillosa manera en que tal individuo escribe o su estupendo y contagioso sentido del humor.

Una vez que la capa tiene tres frases escritas por quien está atrás, se cambia el orden de la fila hasta que todos terminen con tres frases escritas por cada miembro de su equipo. Con las capas llenas de esas frases, que rara vez escuchamos de nuestros colegas, cada uno se dispone a leer su cartulina en voz alta. Es curioso el efecto que tiene esta dinámica, pues no sólo había siempre coincidencia en los piropos acompañados de aplausos y otras palabras expresadas por quienes olvidaron esa virtud y querían sumarse a esa opinión, sino también era muy satisfactorio comprobar que estábamos rodeados de personas con grandes cualidades. Por si eso fuera poco, leer que eres valorado, aceptado y amado por lo que has hecho con tus propias elecciones de vida es como la cereza del pastel, que viene de maravilla para cerrar un ciclo y procurar ser así, o incluso mejor, durante el siguiente año.

Cosecha

Eres el producto de tus actos. No eres tu puesto, tu posición social, tu físico ni la influencia que ejerces en los demás. Mucho menos eres tu casa o tu auto. Todo se concreta en lo que has sembrado, en lo que has hecho en la escasez y en la abundancia, lo que has sumado con tus talentos y cómo has logrado dominar o desechar tus debilidades. ¿Honras tus valores? Más tarde te hablaré de una relación que me hizo pasar un amargo camino para sanar después de que se rompió mi corazón. Por ahora, bastará con contarte un poco sobre ese hombre, al que llamaré Roberto.

El día que lo conocí me dijo algo que me gustó escuchar: "El amor es como tu casa, es el sitio seguro donde puedes ser tú mismo y sentirte cómodo". Le creí.

Nuestra relación empezó con la velocidad adecuada. Sin el acelerador que muchos adultos ponen de pretexto para apresurar las cosas, como si fuera una carrera contra el tiempo. Cuando fue oportuno, hicimos parte a la familia y a los amigos, pero siempre encontrábamos el momento de vernos a solas. Como suele suceder, varias veces charlamos sobre nuestras relaciones anteriores, las importantes y las pasajeras. También me habló de su reciente exnovia quien, según sus propias palabras, había quedado desolada cuando rompieron. Incluso me comentaba que sus amigos le cuestionaban por qué todas las mujeres, al dejar de salir con él o ser su pareja, quedaban tan devastadas. "¿Qué les haces, Roberto?", le decían. En otras ocasiones compartíamos sobre nuestros valores y principios. "No soy celoso", afirmaba hablando de sus exparejas. "Pero tampoco pierdo mi tiempo. Si veía algo que no me gustaba, la mandaba a Japón", ésa era su frase distintiva. Sobre los desenlaces amorosos, se conformaba con afirmar: "Antes de que nada suceda, huyo". Algún día me enojé con él y decidí que no iría de fin de semana a su casa de campo. "No me rechaces, Lucy, porque eso me va a ir alejando de ti", advirtió.

Aunque parezca increíble, nunca me miré en el espejo de esas mujeres. Jamás indagué más sobre la tristeza de ninguna de ellas porque suponía que, verdaderamente, perderlo era suficiente motivo para un gran duelo. Ignoré cada una de esas pistas, ¿o serían *amenazas*? Dejé pasar sin inmutarme esas frases machistas, como si jamás nada de esa actitud pudiera presentarse conmigo. Después de todo, era amoroso, se había comportado como un caballero y en nuestras pequeños pleitos siempre fue maduro, sensato, comprensivo, propositivo incluso.

Sin embargo, cuando algo verdaderamente pasó, la última en enterarme fui yo. No es que fuera ajena a que había una serie de obstáculos. Incluso puedo decir que, en gran medida, pero involuntariamente, yo había cometido errores importantes; el determinante ocurrió durante una cena, la última noche en que nos vimos. Estábamos entre amigos, así que, después de los sucesos, me di a la tarea de cuestionar a cada uno de los asistentes sobre lo que había pasado, la gravedad de los hechos y en qué medida era motivo suficiente para dar por terminada la relación. Sirva decir que las bromas de mal gusto no se hicieron esperar y también un posible malentendido. El punto es que, de regreso a casa, Roberto se hizo el dormido, se despidió de mí con un beso en la mejilla frente a la puerta de mi casa y nunca más quiso verme o darnos la oportunidad de despedirnos en persona.

Lo llamé por teléfono, le escribí una carta y, ante su silencio sepulcral y las falsas promesas de darme la oportunidad de cerrar esta relación como merecíamos, me quedé justo como las mujeres que me precedieron: desolada.

> Aunque cada hombre mata lo que ama,
> que lo oiga todo el mundo,
> unos lo hacen con una mirada amarga,
> otros con una palabra lisonjera;
> el cobarde lo hace con un beso,
> el hombre valiente con una espada.
>
> OSCAR WILDE

El verbo que se usa para describir un acto mágico de desaparición de uno de los involucrados en una relación amorosa o en plena etapa de enamoramiento es *ghosting*, que en castellano suena fatal en su traducción literal: hacerse el fantasma. El concepto en inglés era tan popular que, en 2015, el diccionario británico decidió incluirlo para describir su significado en blanco y negro.

En resumen, el que hace *ghosting* se esfuma, deja de contestar textos y llamadas, dando por terminada la relación cobardemente. La otra persona, ante el impacto del repentino rompimiento, la falta de explicación, la imposibilidad de ser escuchada o de cerrar el ciclo de la relación, queda con una herida de abandono, vergüenza, frustración y duelo que carga sola y ha de trabajar individualmente sin retroalimentación ni soporte emocional de su expareja.

Una amiga querida fue notificada por correo electrónico por su esposo de que deseaba divorciarse. He escuchado historias de terror de personas que se despiden con un texto de WhatsApp, pero la ruptura fantasma empieza con la tortura de la incomunicación y continúa con un ambiguo desenlace que, si bien no da pie a albergar ninguna esperanza, deja un mundo de dudas sin resolver. ¿Fui yo la culpable? ¿Nunca me quiso? ¿Ese deseo de romper venía cocinándose tiempo antes? Las preguntas sin respuesta son infinitas.

A mí, Roberto me hizo *ghosting*, pero no fue hasta que fui víctima de este acto de terrible crueldad que caí en cuenta de que no era la primera y, seguramente, no seré la última de su larga lista de huidas, como les llama él.

Advierte sabiamente Oscar Wilde, en el texto citado antes, que pudo haberme matado con una espada, pero cobardemente decidió hacerlo con un beso. También existía la posibilidad de hablar conmigo, pedirme una explicación, expresar su descontento, buscar una solución o determinar, aunque fuera unilateralmente, que ya no había posibilidad de nada más que el adiós. ¿Por qué un individuo puede jurar amor y después ser tan desalmado como para negarle a la otra persona el derecho de una despedida honrosa?

Estamos los que sembramos para gozar nuestra cosecha, aun si esto implica que no haya uvas ni vino, porque sabemos que nuestra tierra es fértil para el trabajo o el amor honesto. Otros, sin embargo, nunca han puesto verdaderas semillas y, como si se tratara de las que han sido modificadas genéticamente para hacerse resistentes a la adversidad, insertan algo que germina extraño, dejando el terruño infértil y sin posibilidad de ser cultivado en un futuro, debido al daño irreparable que le han hecho. Los que sembramos sanamente dejamos un conocimiento en nuestros alumnos, un ejemplo valioso para nuestros hijos, reglas de ética que valen oro para nuestros subalternos o un gran recuerdo de un romance para los que amamos. Los otros, que pasan por fantasmas, siembran zozobra y frustración, con su semilla insertan el desaliento, la duda imperante, y el demonio se jacta de que ha vuelto a fundar un nuevo y ardiente infierno.

II

Olas

Si alguna vez te ha revolcado una ola, sabrás perfectamente la razón por la que titulé así este capítulo. El inmenso mar puede ser un paisaje que brinda tranquilidad y gozo, pero cuando está picado se convierte en un monstruo arrebatador. Una pequeña ola que produce espuma suele verse inofensiva, pero basta con caminar hasta donde nace para entender que lo que revienta es el cúmulo del poder que la ha creado y que es capaz de mover un barco hasta su destino o hundir una isla completa con un *tsunami*.

La vida es una secuencia de olas que vienen y van, que producen un vaivén suave y armonioso, pero pueden volcarse en nuestra contra sin previo aviso. Cuando todo fluye, hasta se nos olvida agradecer, valorar y orar. Pero cuando sube la marea y el mar nos azota, entonces recordamos que somos frágiles, falibles y necesitamos ayuda. Cuántas veces nos dijimos, durante el punto álgido de la pandemia, que antes de ella habíamos sido inmensamente felices y no lo sabíamos. Ver fotos de reuniones con amigos o encontrar el recuerdo de alguien que perdimos por covid, por ejemplo, son cosas que nos hicieron patente que estábamos ciegos de soberbia y no apreciábamos lo que teníamos: salud, libertad, trabajo y más.

La depresión, el divorcio, el desempleo, la enfermedad, la pobreza y la muerte, por mencionar sólo algunos reveses que sufrimos durante un larguísimo confinamiento, han cimbrado nuestra vida y, cuando menos para mí, ya nada será igual. Tal como dijo Buda: "El pasado ya no existe y el futuro aún no ha llegado, el único instante en el que la vida está a nuestro alcance es en el momento presente".

Cambio

"Es la naturaleza humana temer al cambio", afirma la comunicadora y empresaria Oprah Winfrey. "Conectar con la esperanza y encontrar el valor de hacer un cambio tiene que ver con superar el miedo de dejar ir. Para mí, la verdadera definición de valentía es sentir miedo y, con tus rodillas golpeando entre sí y tu corazón batiente, algunas veces, dar el paso de todos modos".

Durante la pandemia conocí a un hombre que jamás ha cambiado de trabajo. Después de haberse divorciado, que fue un cambio abrupto en su vida, ha vivido en el mismo sitio y tenido las actividades rutinarias de siempre. Cuando nos conocimos y escuchó la cantidad de cambios, transiciones, transformaciones y conejos que he tenido que sacar de mi sombrero, año con año, me dijo algo muy sabio: "El mundo se divide en dos: los que vivimos en la estabilidad y vemos el cambio como un disturbio, y los que sin cambio no podrían soportar la vida. Yo soy de los primeros; tú, sin duda, de los segundos".

Desde luego que deseo estabilidad en mi vida. Cuando la he tenido y es sana para mi espíritu emprendedor y energético, la disfruto. La extraño cuando la he perdido. La busco como un fin último. Pero, mientras tanto, me divierte reinventarme. Es obvio que mis experiencias o mis intentos por buscar un nuevo camino no siempre han resultado exitosos, pero jamás podré decir que no lo he intentado. Me gusta la aventura y, por ella, he perdido más de una vez mi centro, mi hogar, un trabajo, una relación amorosa y he tenido que volver a empezar de cero.

Puede que tú defiendas la vida que llevas a capa y espada. Pero, aunque ese hombre del que te hablé espere quedarse siempre en el mismo sitio, o yo anhele aprender de él para acomodarme en un puesto, un domicilio o una relación de por vida, a todos eventualmente nos llegará uno o más cambios. Hay que estar preparados para los pequeños, pero también para los enormes, debemos trabajar en nuestro plan de resiliencia y confiar en que nuestro siguiente paso sea para adelante, aunque a veces parezca en reversa.

Creo que en mi vida los cambios siempre han sumado, aunque muchos de ellos hayan dolido de verdad. Recuerdo, por ejemplo, cuando mi mamá me llamó a su dormitorio (era el único lugar libre del barullo familiar) para anunciarme que la maestra y ella habían decidido que yo debía reprobar cuarto año de primaria. No podía creerlo, después de tantas clases particulares y decenas de tormentosos momentos en los que intentaba contestar las preguntas de los exámenes con la terrible certeza de que había olvidado toda la lección recitada tan sólo la tarde anterior, decidían humillarme frente a todos: mis compañeras, mis maestras, mis hermanos y amigos. Mis hermanas con dieces; aparentemente había una tonta en la familia, y era yo.

Mi salud, en realidad, no ayudaba. Desde los 40 días de nacida, en que mis padres comprobaron que me había contagiado, en el hospital donde nací, de pulmonía viral, fui una niña débil y enfermiza. Eso no sólo me aisló de mis hermanos, sino también propició que no fuera mucho a la escuela por tener problemas de salud que me dejaban en casa o me recluían en el hospital.

Es probable que algunos de mis hermanos resintieran toda la atención que yo recibía, porque involuntariamente era la mayor preocupación de mis padres. En mis episodios con altas temperaturas, disturbios estomacales o la enfermedad diagnosticada en turno, no podía asistir a la escuela ni jugar con otros niños. Al aislamiento y al malestar se le sumaba que, cuando iba a la escuela, resultaba prácticamente una desconocida para el grupo y las profesoras. Retrasada en mis estudios, sin amigas y sin entender nada de los temas que se desarrollaban en clase, fui cayendo en una depresión.

Como un círculo vicioso, mi estado mental me bajaba las defensas y todas las infecciones o virus encontraban un caldo de cultivo propicio en mi cuerpo. Recuerdo una noche en que me enfermé del estómago y mi mamá me llevó a su dormitorio para vigilarme de cerca. Llegó el momento en que ambas estábamos en el baño, yo exhausta de tanto vomitar y ella angustiada por mi aspecto de fantasma. Le dije que me quería morir y hasta hoy aseguro que, si hubiera tenido una varita mágica, ése habría sido mi único deseo.

La escuela no era ningún estímulo, pues pasaba de sentirme idiota en las clases a estar sola en los recreos, viendo cómo todas mis compañeras jugaban y gozaban esos minutos que yo odiaba con todas mis fuerzas. Algunas veces hacía como que una niña me iba correteando o simulaba estar buscando a alguien, especialmente cuando pasaba junto a mí una chica de mi salón o del transporte escolar. Pero lo cierto es que nadie notaba si yo estaba o no. Ya lo asegura Brown: "La invisibilidad es una de las experiencias humanas más dolorosas".

En esa escuela se hacía una entrega anual de medallas, un método muy común en esa época para distinguir la excelencia cuando una alumna era sobresaliente en los estudios: la de disciplina, si era obediente y ordenada; la de puntualidad, si no tenía faltas o retardos; y la de limpieza, si asistía bien peinada, con los dientes relucientes y el uniforme completo e impecable. Mis hermanas obtenían tres o cuatro y a mí sólo me daban un cartón con los nombres de las tres ausentes y la medalla de limpieza como consolación. Si a todo esto había que sumarle la humillación de reconocer en público mi ineptitud para leer, escribir, multiplicar y dividir, no sabía si odiar a la maestra y a mi mamá por ser tan despiadadas o aborrecerme más aún por ser tan poca cosa. He pasado una buena parte de mi carrera como autora hablando del poder que uno lleva dentro, pero debes creerme cuando te digo que en ese momento no parecía existir nada de eso en mí. Así que, cuando recibí aquella desastrosa noticia, justo antes de comenzar las vacaciones, no me faltaron motivos para temer el cambio y pronosticar mi futuro fracaso.

Llegado el primer día de clases, mi posición de víctima me había hecho apostar por que todas mis excompañeras, que subían al quinto grado, se burlarían de mí. Cuál fue mi sorpresa al comprobar que ninguna de ellas lo hizo, no por compasión, ni por solidaridad, sino porque realmente no me reconocieron por tan pocas veces que me vieron en el ciclo escolar anterior. Me sentí, nuevamente, como un fantasma.

Así que entré a un salón de niñas completamente desconocidas. Aquella fama de estúpida y faltista que creía cargar a la espalda se esfumó por arte de magia. Había, ciertamente, chicas que se conocían de grupos anteriores, pero también otras que eran nuevas, como yo, ya sea porque las cambiaron de salón o por ser de nuevo ingreso, así que no fui la única diferente. Esa primera semana la maestra pidió que el grupo eligiera presidenta, secretaria y vocal. ¡Y para mi sorpresa fui señalada para la terna finalista como secretaria! No gané ni me hubiera gustado hacerlo, pero ese voto de aprobación, entre tanta desconocida, me subió la moral y comenzó un año escolar que me reintegró como ser humano a un grupo que finalmente me aceptó. Mi salud mejoró y mis calificaciones también. Pero lo mejor del caso fue que, por primera vez, tuve una mejor amiga en la escuela y una maestra que sabía mi nombre. Ella me hacía sentir mirada y apreciada, me enseñó a hacer cuentas mentales y a perder el miedo a las matemáticas. Bueno, no me convertí en un genio, pero pasé aritmética ese cuarto año, junto con las demás materias. Me divertí y hasta me convertí en porrista de nuestro equipo de voleibol para apoyar a Cristina, mi inseparable amiga.

Ese cambio en mi vida, como muchos otros que he visto como el peor desastre del momento, fue el mejor regalo que mi maestra y mi madre pudieron darme. No desearía revivir el dolor, la vergüenza, ni la humillación que yo misma construí como mi realidad. Pero bien valió todo por la absoluta redención que me brindaría ese obstáculo superado y la nueva vida que me ofreció.

Lo cierto es que la confianza viene de la seguridad, del principio de que nuestros padres o tutores cubrirán nuestras necesidades básicas y afectivas, de saber que alguien está ahí para cuidarnos. Nadie nace con esa confianza, es básicamente algo que se prueba con hechos. Cuando se trata de confiar como una persona madura en otros adultos, como sucede en una relación de pareja, es imprescindible que nuestro compañero o compañera nos preste atención, nos muestre apreciación, sea afectuoso, quiera propiciar nuestra felicidad y nos proporcione suficiente libertad para ser nosotros mismos.

Sin embargo, cuando la confianza recae sobre nosotros mismos, la situación requiere que estiremos la liga en busca de retos, en lugar de quedarnos en la primera casa que rentamos, en el puesto que hemos tenido toda la vida o con la misma persona, a pesar de que ya no la amemos o sea tóxica para nosotros, que le demos preferencia a la estabilidad, aunque eso exija que no nos vayamos muy lejos en nuestra imaginación ni en la vida real. El reto, en cambio, plantea enfocarte en una meta personal, con o sin la presencia del otro, moverte con una curiosidad constante y ánimo de reinventarte. Es, en cierta forma, una renuncia a la seguridad, así como una manera de ejercitar la flexibilidad y la fuerza de carácter.

Evidentemente, sin retos puedes ser dueño de tu área de confort, estás en control total, pero te sabes inseguro porque la desesperanza se da cuando hay una combinación de eventos desafortunados en la vida y patrones de pensamiento negativos, especialmente culpabilidad y percibir una imposibilidad de cambiar las circunstancias. La desesperanza llega cuando no sabemos lo que queremos, no podemos fijar metas realistas o no somos capaces de determinar cómo conseguirlas, pero lo más importante es que no creemos en nosotros para conseguir lo que deseamos. Por el contrario, cuando vas probando diferentes alternativas construyes confianza en ti mismo, aun cuando de vez en cuando fracases en el intento. De hecho, los fracasos son prerrequisitos para triunfar. La clave es albergar retos que sean posibles de alcanzar, suficientemente próximos a tus capacidades para que puedas tener éxito con ánimo, práctica y repetición. La seguridad, después de todo, significa que aceptas tus propias debilidades con compasión y aprendes a compensarlas para lograr nuevas metas.

Anclas

¿Qué te detiene? Quizá has lanzado un ancla emocional a una relación pasada y por ello no la puedes superar. Pasaron meses o años, ya la otra persona retomó su vida o incluso se casó, y tú simplemente no has podido avanzar, te sientes estancado, adormecido, como si todo se hubiera detenido en el instante en que sus caminos se separaron. El punto es: ¿quieres seguir viviendo empantanado? ¿Qué has obtenido en esta pausa? Si lo que lees en este párrafo te describe, entonces es momento de levar tu ancla y partir. Recuerda que el cambio comienza con la persona que lo desea.

A veces, sin embargo, hay algo más allá de tu voluntad que te mantiene en ese martirio. Dos sobrevivientes de campos de concentración hacen referencia a este proceso: Viktor E. Frankl, en su libro *El hombre en busca de sentido*, y Edith Eger, autora de *La bailarina de Auschwitz*.

Se trata de un fenómeno que en inglés llaman *learned helplessness* (desamparo aprendido) y que fue estudiado por Steven F. Maier, de la Universidad de Colorado, y Martin E. P. Seligman, de la Universidad de Pensilvania, cuando desafortunadamente no estaba prohibida la crueldad en los animales para probar una teoría. Estos investigadores sometieron a dos grupos de perros a un cruel experimento.

En el primero, les aplicaron choques eléctricos a los perros y éstos, al correr despavoridos, accidentalmente pasaban por encima de la barrera y huían de la tortura. Pocas repeticiones después, estos animales se volvieron muy rápidos y eficientes para escapar. En el segundo grupo, el escape de los perros lo impedía el diseño de la caja que producía los *electroshocks*, por lo que corrían desenfrenadamente por 30 segundos, después de lo cual se echaban y se quejaban muy bajito hasta que, después de un minuto, la electricidad se dejaba de aplicar sin que el perro pudiera liberarse. En las siguientes pruebas con estos últimos animales, al principio ellos luchaban un poco, pero se daban por vencidos rápidamente y aceptaban pasivamente el castigo.

Para los sobrevivientes de los campos de concentración, Frankl y Eger, resultaba realmente sorprendente que los prisioneros que lograban escapar de aquéllos, frecuentemente regresaban como los pobres perritos que, resignados a sufrir, se habían habituado al caos causado por el dolor y la angustia. En una proporción muy menor, nosotros podemos haber sido cautivos de nuestro propio castigo y crueldad. La liberación, cuando se trata de una prisión autoimpuesta, depende de nosotros. Como decía la mamá de Eger: "No podemos elegir desaparecer la oscuridad, pero podemos encender la luz".

Ha llegado el momento de percibir que un hecho, cualquiera que éste sea, te ha venido definiendo. La muerte de un ser querido, especialmente de un hijo, es devastadora, pero, si permites que tu vida se rija por esa tragedia, te estás matando en vida. Ver todo con desconfianza porque el ser que amabas te engañó, porque tu socio te defraudó, porque tu hermano te traicionó, es darles a ellos todo el poder y hacerte su esclavo. No puedes permitirte más ir encapsulado en ese episodio que tanto te afectó. Sería como presentarte ante los otros: "Soy el accidente de mi hijo", "Mi nombre es la infidelidad de mi esposo", "Mi esencia es la terrible decepción que resultó ser mi hermano o mi socio", "Soy la persona que mi jefe humilla todos los días", por nombrar algunos ejemplos. Es preciso quitarte los grilletes de la reprobación, del resentimiento, de la ira e incluso de la lástima hacia ti mismo y levantarte como si fueras tu propia ancla para comenzar a navegar hacia tu verdadero destino, un sitio luminoso digno de ti.

Fracaso

Rara vez se presenta el triunfo sin fracaso previo. El punto es que, si se trata de lograr tus metas solamente, puedes haber considerado que no habían servido de nada tus esfuerzos cuando tuviste que admitir que no las habías alcanzado. Por el contrario, los pasos que tomaste pudieron no llegar a tu cometido, pero ese aprendizaje es justamente lo que te hará lograrlo después o incluso cambiar de opinión sobre tus prioridades y metas.

Muchas veces me escucho decirme o decirle a alguien: "Ten cuidado con lo que deseas". Porque me ha pasado más de una vez que pienso en una meta y, cuando la consigo, resulta que no era lo que esperaba. También he visto a mucha gente pasar por esa experiencia: se casan, se mudan, se compran un auto y, en lugar de regocijo, se encuentran decepcionados. Así que puede que no se conciba como fracaso simplemente porque el logro se llevó a cabo, pero al final el resultado es el mismo: hay que empezar de cero.

En su libro *Qué harías si no tuvieras miedo*, Borja Vilaseca habla de cuatro estados por los que podemos pasar en nuestro camino profesional: se comienza con la indignación causada por el malestar, a lo que le sigue la frustración que lleva a la decepción de ver que nuestras esperanzas y expectativas no se han cumplido, lo cual nos hace sentir fracasados al no conseguir un cambio externo. Una vez que esa frustración nos roba el ánimo para seguir luchando, llegamos a experimentar resignación, la cual viene acompañada de agotamiento mental e impotencia por no conseguir la transformación. Al final del proceso, desafortunadamente, se pierde la brújula y llega la indiferencia, por lo cual nos volvemos insensibles a lo que sucede o cínicos porque queremos evitar una nueva desilusión y dejamos de creer que las cosas pueden ser diferentes. Estos estados, según Vilaseca, son fruto del miedo a tomar las riendas de nuestra vida laboral y económica, y la ignorancia al no saber cómo valernos por nosotros mismos, así como el dolor de sentirnos sin poder para hacer algo al respecto.

Cuando el fracaso es rotundo, digamos que no hay confusión, simplemente no se cumplieron las expectativas, puedes optar por iniciar la contabilidad de pérdidas: tiempo, dinero, otras oportunidades, amistades, etcétera. O, bien, decidir concentrarte en la riqueza de la experiencia, tus aprendizajes y cómo eso te hace aún más fuerte. En realidad, cuando valoras las enseñanzas con las que te quedaste, no procede calificar ese suceso como fracaso, sino como un paso más hacia el éxito.

Quizá entonces nosotros jugamos un papel más activo en la determinación del fracaso. Cuando te das por vencido demasiado rápido, por ejemplo, por miedo a fallar, te quedas con el hambre de triunfo, sin alcanzar la meta y sin el aprendizaje como resultado. O, peor aún, en el momento en que al cerrar el negocio o cortar la relación, por ejemplo, das carpetazo sin capitalizar todo lo vivido para no tropezar con la misma piedra otra vez.

Con dos divorcios en mi historia se diría que fracasé ambas veces. Hoy puedo ver que no evalué con la compasión ni con la comprensión necesarias mis errores anteriores y, por lo tanto, repetí algunos graves. No obstante, jamás he pensado que fracasé o que fracasamos ellos y yo, porque lo intentamos con las herramientas que teníamos. A mi juicio, sólo podría reprocharme si no lo hubiera intentado y si, al estar en la relación, no hubiera hecho todo lo que estaba en mí para que funcionara. El resultado en ambos divorcios fue dolorosísimo, pero el aprendizaje me lo llevé para ser una mejor persona en cada relación amorosa que he tenido desde entonces o que vaya a tener en el futuro. Sé que muchas personas preferirían quedarse infelices en un matrimonio que elegir el divorcio que sabe a fracaso. A esas personas les digo que si la meta es su felicidad, permanecer sintiéndose poco valoradas, violentadas o miserables es mucho más parecido a una derrota que apostar por una posibilidad de éxito en el futuro. La verdad es que, a menos de que hayas conocido la adversidad y hayas podido sobreponerte a ella, no puedes considerarte una persona exitosa.

Burnout

Ser muy trabajador es bueno, pero convertirse en *workaholic* ya tiene perfil de adicción. Pasar esa barrera representa una entrega total a la profesión sacrificando tu vida familiar, social, así como tu salud mental y física. El deterioro del resto de su vida, fuera del trabajo, puede ser poco perceptible para el que va subido en el tren de la productividad obsesiva. Cualquiera pensaría que esto es lo que un jefe desearía en sus subalternos, pero no sería así si supiera las consecuencias que conlleva este comportamiento.

El *workaholic* tiene temor a las pausas, por ello se niega momentos de relajación, sustituye las vacaciones con nuevos proyectos y termina hablando de negocios hasta cuando está en la cama con su pareja. Tanta obsesión no necesariamente corresponde al dominio y al poder. Es decir, mucho del trabajo de esta persona está impulsado por la inseguridad de no ser suficientemente bueno, efectivo o talentoso en su labor. Para colmo, el cansancio se va acumulando, y si no es el cuerpo el que pasa la factura, más tarde o temprano, será la mente lo que se desgastará.

El día menos pensado, a este trabajador le falla la concentración, la energía no le alcanza y tiene que recurrir a café, cigarros, alcohol o drogas ilícitas para mantenerse en el ritmo acostumbrado. Por las noches no duerme suficiente, lo cual lo hace ser completamente irritable, errático en sus decisiones y comete errores operativos y de cálculo importantes. Como él mismo se ha aislado de la familia y los amigos, incluso de ciertos colegas, también se siente solo y deprimido.

El cuerpo se venga de la privación de sueño y al no obtener alimentos nutritivos en los horarios adecuados, sube el cortisol (hormona del estrés), el colesterol dañino y la grasa en el cuerpo, lo cual causa sobrepeso y la necesidad de consumir estimulantes (desde una bebida energética hasta drogas de alto calibre) para obtener la fuerza para continuar con el círculo vicioso de su comportamiento. La mente, por su lado, comienza a tender trampas que van desde bajar la calidad del trabajo, hasta inducir el sueño cuando el *workaholic* conduce su auto. El desgaste se hace patente al grado de que cuerpo y mente se rinden, dando como resultado lo que en inglés llaman *burnout*, que generalmente se traduce como "estar quemado" laboralmente, ya que calificarlo como simple agotamiento se queda corto en significado.

Ashley Stahl, la autora del libro *You Turn*, menciona cuatro razones que ella adjudica al *burnout*:

1. Ausencia de poder: cuando no te sientes en control de las decisiones, la operación o los resultados.
2. Comunidad: si no tienes el equipo de apoyo, tanto en casa como en el trabajo para lidiar con tus emociones, inseguridades y obligaciones, te sientes aislado y deprimido.

3. Falta de sueño: el agotamiento físico afectará tu desempeño laboral, tu autoestima, tus relaciones personales y tu salud.
4. Propósito: cuando pierdes la brújula y ya no sabes exactamente cuál es la razón de trabajar en un proyecto.

A estos puntos importantísimos yo agregaría un quinto: el abuso, que puede presentarse en el trabajo con un jefe, un equipo o un colega que presiona o denigra, o bien puede situarse en casa y transferir toda esa angustia al área laboral. Este elemento no sólo es un camino seguro al *burnout*, sino también a la falta de autoestima y a una profunda depresión.

En Estados Unidos, se destinan millones de dólares para tratar de restablecer la salud de los empleados que se ausentan a causa del *burnout*, pero muy pocos recursos son utilizados para evitar que esa persona alcance ese nivel de autodestrucción. Lo peor de todo es que el *workaholic* pasa como pareja o empleado "ideal", pues representa la responsabilidad y entrega que la sociedad nos ha hecho creer que es sinónimo de éxito y prosperidad.

Desafortunadamente, yo he vivido la sensación de estar "quemada" laboralmente, agotada por tanta presión y demanda, sin los alicientes que hacen la contraparte en el trabajo. Recuerdo incluso la terrible escena cuando la persona encargada de Recursos Humanos de mi empresa se sentó a hablarme de su agotamiento, equivalente al mío. Conscientes de que nuestro superior en el organigrama abusaba moralmente de nosotros (abundaré sobre este tema más adelante), y de que su jefe se lo permitía, sabíamos que la única salida era retirarnos por cuenta propia, pero al ser ambas cabeza de familia, no podíamos darnos ese lujo.

El *burnout*, sin embargo, pocas veces es sostenible. Si no te echan por errático en tus labores o decisiones, terminas en el hospital con un cuadro complicado de salud. Así que lo mejor, cuando te sientas en esa posición o muy cerca de alcanzarla, es comenzar a ver posibilidades de un cambio de empleo o de independizarte. Después de todo, sin tu integridad física y mental, jamás podrás ser proveedor ni hacerte cargo de tus seres queridos de manera adecuada.

Amor, sexo y otros afectos

El amor verdadero consiste en expresar las mejores intenciones con la persona amada a través de la palabra y las obras, omitiendo vicios, prejuicios y acciones en contra de la integridad de la relación. Sin embargo, proteger al otro, asegurarle su bienestar o proporcionarle felicidad es mucho más fácil cuando las cosas van bien. Pero si las dificultades aparecen, sólo las personas que se aman a sí mismas y se respetan pueden seguir considerando no dañar a la otra persona. El amor bien aspectado es complicidad, comunión y contención. Tiene la virtud de saber arreglar los desperfectos o, al menos, de intentarlo con sinceridad, a pesar del orgullo. Es como el blastema: la capacidad que tienen algunos animales para regenerar una extremidad, como el pulpo o la lagartija que al perder una pata pueden hacerla crecer.

Cuando amas, pueden rasgarte y hasta romperte el corazón, pero el sentimiento profundo es capaz de pegar las partes y, en ocasiones, con milagrosos resultados. El problema es que resulta fácil confundir la magia del buen sexo o la adrenalina del enamoramiento con el milagro del amor. Habrá quien haya gozado de las dos glorias juntas y otros pueden haber confundido uno por otro. O, peor aún, existen quienes nunca se han acercado siquiera a la posibilidad de sentir y de abrirse desde el corazón. De no hacerlo, eso que experimenten nunca será amor.

Desamor

Hacer el amor puede ser un poema o una pesadilla. El coito que se produce instintivamente entre dos seres que responden a un deseo potente de unir sus genitales y sincronizarlos en un ritmo que produce placer y da como resultado el orgasmo de uno o ambos participantes parece algo sencillo y hasta deseable. Pero lo cierto es que, si bien relacionarse sexualmente con la persona indicada puede convertirse en una fiesta de placer, intimidad y felicidad, en más de una ocasión se torna en un nido fértil para desdoblar el poder, la autoridad, el egoísmo, la inseguridad, la vulnerabilidad y hasta la violencia. Puede haber sexo impregnado de culpa, mentira, odio, vergüenza, ego, indiferencia, crueldad, dolor o temor. Aunque también puede nacer de ese lecho el amor, la pasión, la comunión, la fecundación, el gozo, el arraigo y la aceptación. Las relaciones sexuales algunas veces se eluden para evitar la descendencia, lo mismo que se propician para aliviar la soledad, incluso se tornan en un ritual perverso cuando hay abuso o un remanso de paz cuando se forja una unión.

Resulta que un instinto natural, incluso animal, se ha convertido en un complejo abanico de posibilidades. Así que cuando la gente dice que el orgasmo es para el que lo trabaja, la frase me parece tan simplista como afirmar que la felicidad es para quien la desea. Sin embargo, ante las circunstancias que involucran a dos individuos y sus fortalezas, debilidades y motivos para relacionarse sexualmente, es importante tomar en cuenta a la única persona cuyo entorno puedes cambiar: tú.

Alguna vez escribí una carta editorial para la revista *Glamour* en la que decía, y creía, que se podía todo, refiriéndome a tener amor y buen sexo en una relación. Porque, no me dejarás mentir, cuando en el sexo hay lazos profundos de afecto, el éxtasis toma una dimensión casi espiritual. De hecho, los amarres que se forjan en una situación así sobreviven rupturas, pleitos, distanciamientos e incluso la muerte. Puede ser que nunca vuelvas a ver a la persona con la que la unión llegó a una comunión de pasión y amor, pero esa huella indeleble queda flotando en tu ser e incluso se puede tornar en un fantasma incómodo que no permite que te abras a otras relaciones.

¿Alguna vez te ha pasado algo así? A mí sí, y nadie me había preparado para enfrentar esa pérdida o siquiera mencionado la posibilidad de dejar un ancla tan clavada en el alma, que resulta casi imposible sacar de ahí. Pero estorba, no sirve de nada. Todo lo maravilloso que fue ese ser, cuando estaba activo en tu vida, se torna corrosivo y te obstaculiza cualquier posibilidad de rehacer tu vida, entregarte a otro amor o, simplemente, darte el permiso de gozar la seducción. Resulta que la comparación opaca todo. Es como si te ofrecieran la sidra más ordinaria del mundo y tú tuvieras que pretender que se trata del mejor champán. Qué te digo: la resaca llega sin que hayas probado esa bebida, y las burbujas, lejos de parecerte festivas, te encaminan a un gran duelo, en el que la muerte de un amor te llena la boca de amargura.

Ante esa situación, cada persona tiene que buscar el mejor recurso para sacar esa ancla, aunque en el proceso rasgue con ello su corazón. Yo me encontré en la confusión del sentimiento de pérdida de la relación amorosa que mencioné antes, el enojo, la impotencia y la sensación de haber sido vencida en una batalla, para encontrarme sola y sin el motor que había encendido todas las luces de mi alma.

Así las cosas, opté por buscar respuestas y viajé por diferentes caminos en busca de un alivio y un renacer. Al principio, hice lo que muchas mujeres en estos casos: me replegué a la soledad absoluta, en la que podía castigarme y castigarlo con mi desprecio. Sí, me odiaba tanto como a él, porque, ante mi dolor, éramos una dupla de idiotas encarnando el dilema perverso de la pasión, en la que, como dice la canción de Joaquín Sabina: "Amor se llama el juego en que un par de ciegos juegan a hacerse daño".

Entonces yo había sufrido pérdidas reales de seres queridos cercanos en mi vida. Habían fallecido dos de mis hermanos y mis padres. No me quedaba duda de lo que era un duelo y, en el caso de mis hermanos, la rabia que se siente cuando la muerte arranca a un ser joven de esta tierra, donde debió tener una vida larga y disfrutar en un futuro que jamás llegó para él. Así se sentía, como si un joven hubiera muerto en un terrible accidente. Mi sorpresa, sin embargo, es que vivía exactamente el duelo como si hubiera fallecido alguien que no era él ni yo, sino nosotros, y me convencí de que la única manera de nublar mi inmenso dolor era llorando a mares. No soy, debo decir, de lágrima fácil, pero no había más que aceptar el caudal de tristeza que se vertió a través de un llanto terco y callado, que a veces también sabía gritar a todo pulmón.

Esa opacidad, donde no veía ninguna salida, en la que las ventanas se habían clausurado y lo único patente era una abrupta soledad, me llevó a abrirme ante las personas que jamás hubiera sospechado que podían ser testigos de mi abatimiento.

Recuerdo, por ejemplo, que una columnista de la revista me invitó a desayunar para conocernos mejor. Parece que fue ayer cuando llegué al restaurante que quedaba a la vuelta de la que era mi oficina, vi a esta chica y me senté con toda la intención de llevar a cabo una junta de trabajo entre café y café. Resulta que ella había asistido a la fabulosa fiesta que había dado la empresa donde yo laboraba para conmemorar los 15 años de la revista, me había saludado y había quedado muy feliz con la alegría y fantástica convocatoria que tuvo el evento. Por ello, cuando me acomodé en la silla frente a ella, comenzó a felicitarme por ese gran suceso y a reiterarme lo mucho que todos habían gozado. "¿Estuviste ahí?", le pregunté encantada de escuchar su entusiasmo. "Claro que sí, te fui a saludar", me contestó desconcertada. "Perdóname", alcancé a decir, "es que con tanta adrenalina viví ese evento como en sueños y recuerdo muy poco. Sólo sé que me jalaban de un lado a otro para saludar a un cliente, presentarme a una celebridad o indicarme que ya era la hora de dar mi discurso". Y no mentí, pero me faltó decirle que esa adrenalina en medio de un tremendo duelo era la peor combinación para tener la mente lúcida, y menos aún para gozar de cualquier evento. No se lo dije en ese momento, pero una cosa nos llevó a otra y, sin ningún aviso, me puse a llorar, ahí, delante de la columnista de la revista que quería conocerme mejor y ante la cual yo me mostré tal cual era. El inesperado desenlace nos llevó a que le hablara de mi corazón que estaba hecho trizas, de la presión en el trabajo, de mi hermoso hijo que era mi rescate y alivio. Así que me vi sentada ante una mujer que unas horas antes era prácticamente una desconocida, a quien le mostré la miseria por la que estaba pasando y la desesperanza que me había hecho perder varios kilos en el cuerpo y mi peso completo en el alma.

Las palabras de esta columnista fueron una caricia para un corazón en carne viva. Ella, Tanya, se convirtió en una amiga repentinamente, una necesaria confidente sin que ése fuera mi propósito y, en aquel restaurante, la única persona en el mundo que me comprendía. Me dijo cosas sabias, palabras que yo hubiera podido expresarle a alguien que quisiera consolar, pero que era incapaz de dedicarme a mí misma, entonces, al sentirme tan poco valiosa, tan proclive a la autotortura.

Al terminar la reunión, me fui de ahí caminando hacia mi oficina, seguramente con el maquillaje arruinado y mi careta de profesionista en pésimas condiciones. En cada paso crecía la sorpresa de haber encontrado el hombro, el oído y el corazón que, sin buscar, se habían acomodado para aliviar un poco mi sensación de muerte. Había, por si fuera poco, descubierto a una persona que fue clave en la búsqueda de un camino hacia mí misma. En unas semanas, Tanya ya me había recomendado un chamán para hacerme una limpia. Había que empezar en algún lado, así que mover la energía sonaba como un buen recurso para ir hacia delante y salir del estancamiento.

Quizá el chamán era bueno, al menos a Tanya eso le parecía. Pero no podría decir qué me causó mayor impresión: si cuando le prendió fuego a toda la habitación, dejando sólo un círculo libre de llamas a mi alrededor, o que francamente todo me parecía absurdo con o sin chamán. Salí de la sesión desencajada, más perdida que antes y no recuerdo ni una sola palabra o acto de esa sesión, fuera de las llamaradas azules y amarillas que me rodeaban. Me sentí como una bruja bajo el influjo poderoso de la Inquisición.

Como no funcionó este recurso, que pensamos me ayudaría cuando menos con mis noches en vela y las largas sesiones en la regadera en las que revivía, momento a momento, los últimos instantes de esa relación amorosa, Tanya propuso que un hombre maya viniera a hacerme un masaje, que si bien mi nueva amiga advirtió que dolería, también me haría viajar por senderos ocultos para liberar fantasmas, resolver acertijos y relajar mis músculos.

Tanya no se equivocó: dolor fue realmente lo que sentí. Me pareció una tortura, y Abelino, el simpático hombrecillo maya, no podía creer que mi nivel del umbral del dolor fuera tan bajo. Es más, estuve en un grito la sesión completa, que seguramente no llegó a durar los 45 minutos previstos porque yo imploraba que me dejara tranquila. Abelino, sin embargo, intentaba cumplir su promesa de sacarme las penas machacando mis músculos, la poca grasa que me quedaba en el cuerpo y mi escasa dignidad. Así que, cuando ese señor se fue de casa, me eché a la cama a quejarme de lo único que logró el masajista: que mi cuerpo compartiera las penas de mi alma. Me sentía como atropellada. Lo raro es que he conocido mucha gente, quien, como Tanya, hablan de las sesiones del maya Abelino como un acto de magia. Reportan su sanación, los trances involuntarios pero espirituales ante el masaje que va suavizando los nudos del cuerpo con una técnica prehispánica. Y no puedo más que pensar que en mí todo eran nudos ciegos, que no había manera de alisarlos o encontrar el entuerto. Estaba tan endurecida por fuera como por dentro, y esas manos rudas de mago prodigioso no pudieron brindarle alivio a mi desazón.

Se le estaban acabando las opciones a Tanya para ayudarme, por lo que no quedó otro recurso que hacer una sesión a distancia con una médium llamada Linda, a quien ya mencioné. Tanya conocía a esta mujer, y esperábamos que ella pudiera desatar los lazos entre mi amor perdido y mi ser. Procedí a mandarle a Linda mi nombre y fecha de nacimiento y la misma información del hombre que alguna vez fue mi pareja. Para entonces ya habían transcurrido meses desde el rompimiento y mi corazón aún no encontraba la forma de sanar.

La mañana de un sábado llegó la hora de la cita por Skype y una mujer madura, guapa y cálida apareció en la pantalla. Me dijo que su trabajo previo consistía en hacer una meditación con mi nombre y fecha de nacimiento. "Escribo lo que siento, no edito nada", dijo y procedió a leer: "El dolor que has estado experimentando es reminiscente de una inseguridad profunda de tu infancia... Tu sensación de vergüenza fue tu secreto y de algún modo has considerado que no tienes el ingrediente para ser digna de amor, a pesar de que eres tan carismática y magnética para los demás. La vergüenza está basada en una mentira sustentada en una programación cultural. Tú nunca jamás careces de un valor ilimitado. Sin embargo, todo lo que experimentas en nuestra humanidad es lo que nos han enseñado: que a menos de que aprendamos a satisfacer a los que amamos, nos enredaremos en sus juicios y vamos a sentir el fracaso o la vergüenza. Es tiempo de decir ¡se acabó!, no dejaré que nadie tome lo que es sincera y legítimamente mío: mi autoestima, que es mi derecho de nacimiento y fuente del espíritu del amor puro".

¡Wow! Hasta que por fin alguien dijo la palabra mágica: vergüenza. Más adelante hablaré de ella, su significado y arraigo en mí, pero, al escucharla en esta sesión de larga distancia, por fin se articuló el sentimiento que me había venido persiguiendo sin que yo pudiera definirlo ni medir su fuerza. Había vivido los últimos meses envuelta en esta sensación de haber sido descubierta, como si ese hombre hubiera sumado las voces del mundo para decirme que yo no tenía derecho a ser amada, que era claro que no podía durar el amor y yo era la única culpable del fracaso de una relación que, de no haber sido por mi poca valía, podría haberse convertido en algo sólido y hermoso. De alguna manera regresé al día en que mi madre me dijo que había reprobado cuarto año de primaria.

¡Cómo pude haber sentido la potencia devastadora de esta vergüenza y no haber podido identificarla! Todas las mañanas no sé si me despertaba y sentía vergüenza o era ésta la que me despertaba. Nombrarla en ese momento, reconocerla, fue la primera llave para salir de ese calabozo en el que me estaba castigando. Supongo que es como cuando un alcohólico reconoce su enfermedad. Para mí fue como descubrir mi sombra, esa figura oscura que venía siguiéndome y esquivándome al mismo tiempo. Ahora estaba al descubierto y yo podía hacer algo al respecto. La sesión con Linda fue muy ilustradora y, entre las revelaciones que hubo en esa hora de Skype, ese enfrentamiento con mi vergüenza fue y es un tema a trabajar en profundidad.

Entre el chamán, el masaje maya y la médium también hubo esfuerzos en los que Tanya no intervino. Por ejemplo, una noche cenaba con mi amigo Antonio, con quien compartí mi terrible decepción ante este rompimiento tan intempestivo. Él me aconsejó que le escribiera a Roberto una carta, me dijo que para nosotros, los que escribimos, las palabras son sanadoras. Yo le contesté que no estaba lista, pero que lo pensaría. Cuando llegó el momento de decidirme a hacerlo, pasé la noche en vela por la estampida imperiosa de frases que por tanto tiempo habían estado mudas.

Siempre he pensado que el resentimiento es un mal consejero, pero no te niego que su amargo sabor dominaba mi conversación interna. No obstante, cuando escribí la carta, a eso de las cuatro de la madrugada, logré dominar el impulso de "tirar a matar" para poder articular los mensajes claros y sinceros que serían mi despedida. Decidí no enviar la carta escrita a mano, porque mi letra a veces es indescifrable hasta para mí.

Así que la imprimí en un papel hecho a mano y con una tipografía estilo manuscrita, la cerré y la envié con un mensajero que llevaba la consigna de que fuera entregada en su mano. No contaba, desde luego, con que el resentimiento no había sido domesticado por parte del receptor, quien no quiso recibirla personalmente, pidió que se entregara al área de mensajería de su empresa y nunca dio señal de haberla recibido.

Después, no recuerdo cómo o por quién, fui a dar con una canalizadora de ángeles. Siempre que había escuchado de estas personas que tienen la sensibilidad de interpretar los mensajes de los ángeles imaginaba que podían hacerles preguntas o inducir los temas, de manera que se trataran las cuestiones de importancia para quien hacía la consulta. Para mi sorpresa, no fue así. La mujer que me recibió me preguntó cuál era la razón de mi visita y, una vez que le conté lo que me tenía tan triste, procedió a hacer una meditación guiada en la que san Miguel vino con su espada a cortar los vínculos y promesas que habíamos forjado ese hombre y yo. Me invitó a visualizarme en una playa y me dijo que me sentara a esperar a Roberto. Ahí estuve aguardando, lo vi venir, le pedí que se sentara y me impresionó su dimensión: medía tan sólo unos centímetros. La canalizadora me pidió que me despidiera de él, lo cual hice entre lágrimas. Después intercedió para que san Miguel separara lo que nosotros habíamos unido y con su espada destrozó todos nuestros sueños, promesas, amarres, nudos y, lo más importante: la posibilidad de un futuro juntos. El minúsculo personaje se alejó sin mostrar sentimiento alguno, y yo, en cambio, quedé desamparada, como si fuera huérfana ya no de padre y madre, sino del mundo entero. Una vez terminada la sesión no podía dejar de llorar, y la mujer que hablaba con los ángeles y que aparentemente presenció la escena me dijo una sola cosa: "¡Qué pequeño es Roberto!", no sé si refiriéndose a su estatura o a su corazón.

Salí de ahí hundida en una sensación terrible. Se había terminado todo y ni siquiera había estado él de cuerpo presente. Tardé muchos meses en creerme que esa disolución de lazos por parte de la espada poderosa de san Miguel había sido un hecho. Es más, a la lectora de ángeles le tomé cierta aversión, pues no podía entender cómo una mujer tan fría podía hablar con seres celestiales. Hubiera deseado, de parte de ella, mensajes de aliento o un gesto de consuelo. Después de todo estaba instalada en ser víctima y, como tal, buscaba desesperadamente la compasión ajena. El caso es que entonces no creí en la efectividad de ese rito, pero años después puedo dar fe de que funcionó de una manera admirable. Quizá es ahora cuando puedas tildarme de loca, tal vez no creas en los ángeles, es posible que todo te suene como un recurso de esoterismo al que apeló una mujer desesperada por aliviarse. Estás en todo tu derecho. Pero a mí, después de haber descalificado el suceso, al final me resultó útil, al menos ayudó a mi autodeterminación de liberarme. Puede que haya sido autosugestión o quizá el rompimiento entre nuestras energías realmente se dio en un nivel en el que sólo las almas se entienden, pero el caso es que ahí comenzó la disolución verdadera de esa relación.

Algo que ayudó definitivamente en el proceso de sanación fue *El libro del perdón*, de Desmond y Mpho Tutu, al que sin duda le debo haberme podido desprender de mi estúpido orgullo para darme permiso de perdonarme y perdonar a Roberto. No fue nada fácil. En este libro hice las lecturas y los ejercicios, escribí en mi diario y trabajé el dolor, la vergüenza, la desesperanza y la resignación hasta encontrar el camino que me permitiría perdonar. Eso, obviamente, no se dio en semanas, sino que tomó varios largos y agónicos meses. Entendí, porque el libro en eso es más claro que el agua, que la única liberación vendría con el perdón. Pero yo, como tanta gente, sentía que perdonar era perder otra batalla. Era como ceder, darle todo el botín al que tanto me lastimó e irme más que humillada. Pero de a poco fui convenciendo a mi mente y a mi corazón de que no había otro camino, tendría que esperar a que el sentimiento fuera genuino y eso a veces parecía poco más que imposible.

Así las cosas, cuando un domingo fui al cine con mi hijo, saliendo de la función caminamos hacia el centro de la plaza, donde estaba el cajero automático, y en el recorrido hasta ahí nos cruzamos con Roberto. Temblé pensando que mi hijo lo reconocería, pero no lo hizo, y Roberto simuló no habernos visto. No obstante, tuve la certeza de que sí nos vio y nos evadió. "La conducta hiriente, vergonzosa, abusiva o degradante debe ser puesta bajo la inclemente luz de la verdad. Y la verdad puede ser brutal", dicen Desmond y Mpho Tutu. "Pero si queremos un perdón y una curación verdadera, debemos hacer frente a la herida verdadera".

Tiempo después de ese encuentro, un buen día, desperté más ligera y supe que estaba lista. Perdonar no era continuar ni dar otra oportunidad, se trataba, simplemente, de cerrar la puerta y seguir adelante. Se perdona desde la fortaleza, aunque generalmente creemos que tiene más que ver con la debilidad. Me imaginé que por fin podría abandonar ese pesado y maloliente equipaje que había estado cargando desde nuestra separación; podía dejarlo ya mismo y andar un camino hacia el lado contrario para nunca volverlo a acarrear. Una vez más, me pareció que la sugerencia del libro era correcta, en cuanto a que sería más sanador ofrecerle una disculpa por el dolor que pude causarle y otorgarle el perdón por el que infligió en mí. Así que redacté un correo electrónico, a pesar de que intuía que había evitado verme y saludarme. Pero ¿acaso no había yo hecho lo mismo?

Esta vez no iba a dejar que existiera duda alguna de que me leería, por lo que le mandé un mensaje de texto a su teléfono avisándole que le había enviado un correo. Para mi sorpresa, contestó rápidamente por el teléfono, con cierta efusividad, diciendo que ya no tenía correo personal, por lo que me pedía enviárselo al de su trabajo, y así lo hice. En mi correo le decía que nos merecíamos despedirnos, ofrecernos el perdón y cerrar esa historia como gente de buena voluntad. Darnos la paz, pues. "El perdón abre la puerta a la paz entre personas", afirman los autores de *El libro del perdón*. "La víctima no puede tener paz sin perdonar. El perpetrador no tendrá verdadera paz mientras no sea perdonado". Roberto, sin embargo, me contestó, por correo, que viajaría y me buscaría a su regreso para hacer lo que yo le proponía... Pero jamás sucedió. "Cuando te perdono, dejas de definirme". Esta frase de ese libro se convertiría en mi motor como respuesta a su silencio, a la falta a su promesa.

"El tiempo es el mejor amigo del hombre", decía mi padre, y cuánta razón le doy. El dolor ya no era mi carcelero, mi dueño o mi juez. Consciente de que lo que había pasado no podía ser diferente ni tenía la varita mágica para cambiarlo, muy poco a poco fui dejándolo ir. Primero mi vergüenza. "La vergüenza es un sentimiento que se asocia con ser, no con hacer. Cuando me siento avergonzado no es porque haya hecho algo malo, sino porque hay algo malo en lo que soy", afirman Desmond y Mpho Tutu. "La vergüenza suele ser una emoción oculta y puede tener un efecto paralizante. Cuando estamos muy avergonzados... sentimos, en lo más vivo, que no somos dignos del perdón ajeno y del propio". Ya había logrado entender que, si bien se conjugaron nuestras debilidades en la relación, en lugar de nuestras fortalezas, llevándonos a exacerbar las más profundas inseguridades, ninguno de los dos éramos personas malas o defectuosas. Habíamos hecho lo que nuestras herramientas nos permitieron lograr y, a pesar de que el resultado fue lamentable, no mal intencionado. En segundo lugar, había logrado superar mi desamparo y, por último, mi afán de cerrar había dado frutos. Ya estaba sanando. Sin saberlo, empecé a dormir las noches completas, a ganar los kilos que perdí y a sentir un gran gozo por estar viva de nuevo.

Regreso a las palabras de Tanya en aquel desayuno, cuando se estrenaba nuestra entrañable amistad y me dejó este importante mensaje: "No quieres estar con un hombre opaco, que no te habla de sus miedos o te proteja de los tuyos. Él no tiene con qué despedirse y en su misterio despliega sólo castigo". Es muy cierto, pensé entonces: no quiero esto para mí ni para nadie. Sigo sin desearlo ahora, pero entiendo que lo sucedido y la huella que dejó en mi historia personal no serán en vano. He aprendido mucho de esa experiencia. Un hombre roto sólo sabe romper. Soy una mejor mujer después de esa experiencia y mi recuperación es prueba de que tengo todo para generar un mejor futuro.

Edith Eger, en su mencionado libro, reflexiona sobre el Ángel de la Muerte, el médico nazi llamado Josef Mengele, para quien tuvo que bailar "El Danubio azul", en Auschwitz, para salvar su vida, después de que ese doctor ordenara la muerte de sus padres. Él le producía más lástima que su propia realidad. "Soy tan libre en mi mente como él jamás podría serlo", pensaba. "Él tendrá que vivir siempre con lo que ha hecho. Él es más prisionero que yo".

Lo más importante es que no le voy a permitir a Roberto, ni a nadie, que me robe la esperanza, la promesa o la fe en el amor, la amistad o la buena voluntad. Al yo perdonarnos, él dejó de definirme o de tener poder sobre mí. Cuando finalmente pude decir adiós, recobré las riendas de mi corazón.

Todo se vale

Si con lo anterior pensaste que estaba medio o completamente loca al consultar médiums, chamanes y canalizadoras de ángeles en mi camino de sanación, con lo que ahora voy a contarte quedarás convencida de que algunas cosas parecen ficción, pero la realidad siempre la supera. No obstante, tengo que completarte la historia.

Todo empezó una noche en que un par de amigos cenaban con mi hijo y conmigo en casa. Mi corazón estaba en proceso de sanación, del que te he hablado en los párrafos anteriores. Habíamos terminado de cenar cuando subí a buscar algo a mi dormitorio. Al bajar las escaleras, mis amigos e hijo estaban sentados en sus sillas y sólo mi lugar en la mesa estaba vacío. Al pisar el último escalón pasó algo insólito: mi copa, que estaba en la mesa, donde estaban los demás comensales, comenzó a caerse como en cámara lenta. Nadie estaba suficientemente cerca como para haberla golpeado y todos observamos, sorprendidos, que estaba a punto de derramarse el vino en el mantel. Uno de mis amigos detuvo la copa gracias a lo lento que caía. Hubo un suspiro generalizado de alivio cuando el vino no llegó a tocar el mantel. Los adultos nos miramos con un aire de temor, pero pronto cambiamos el tema para no asustar a mi pequeño.

A partir de esa cena fue imposible ignorar que algo estaba pasando. Hasta ese momento yo había sido fanática de las películas de terror y, aunque no descartaba la posibilidad de que existieran fantasmas, seres descarnados o almas en pena, como quieras llamarlos, nunca había creído que pudiera ser algo que ocurriera como lo contaban los cuentos. Sin embargo, a partir del evento de la copa, tanto la lavadora como la secadora de mi casa tomaban turnos para prenderse solas. Algunas veces, cuando entraba a mi baño a lavarme los dientes se abría la llave de la regadera. Por las noches había tanto ruido en las paredes y en el techo de mi dormitorio que hasta la vecina comenzó a quejarse de que yo aventaba cajas y arrimaba muebles durante la madrugada. Mi televisor suele encenderse con un control remoto, pero hay que usar otro completamente diferente para entrar a aplicaciones como Netflix o YouTube y, aun así, hay que esperar a que se cargue la aplicación y después seleccionar el episodio, serie o programa, antes de poder disfrutarlo. Bueno, pues en esa época la tele se prendía a medianoche directamente en un canal de autoayuda de YouTube. Aunque ahora me suena un tanto cómico este relato, en ese momento era escalofriante. Era como si los fantasmas quisieran ver sus episodios favoritos en la comodidad de mi cama. En verdad, despertaba con la piel de gallina y, aunque estaba muerta de miedo, me hacía la fuerte para que mi hijo no se enterara de lo que estaba pasando.

Una amiga que estaba a la mesa la noche del episodio de la copa, al escuchar mis desventuras con lo que estuvo sucediendo en mi casa a lo largo de algunas semanas, quiso ayudarme y pidió que la recibiera un día que no estuviera mi hijo. Esperamos, entonces, al fin de semana que él pasaría con su papá.

Fue un sábado cuando ella llegó, encendió un pedazo de palo santo y se dispuso a meditar en el dormitorio de mi hijo para tratar de ahuyentar a los espíritus, mas no sin antes darme la instrucción de que yo recorriera mi casa, de rincón a rincón, hasta terminar en la calle, tocando una campana y diciéndoles a los espíritus que se fueran a la luz y abandonaran mi casa. Yo, obediente, comencé desde arriba y fui por todos los espacios, abiertos y cerrados, pidiendo amablemente que abandonaran mi hogar y se entregaran a la luz. El problema es que, al salir hacia la calle, se azotó la puerta con tal violencia que casi me prende la falda al vuelo. "Ya está", pensé, "ahora son ellos los que me sacaron a mí". Al día siguiente, amaneció la tortuga de mi hijo descuartizada sobre su cama. La misma cama donde mi amiga había meditado entre el humo del palo santo. Por fortuna, mi hijo seguía en casa de su papá. Pero se puso peor el asunto porque, a partir del portazo, cada vez que quería entrar a mi casa se me rompía alguna llave. Mis puertas, la de la calle y la de la entrada de la casa tienen varias cerraduras, y una a una las llaves se fueron quebrando. El cerrajero no podía creer mi suerte, aunque nunca le confesé la causa por las que esas semanas tuvo que visitarme tanto.

Poco después, vino a casa la perrita de mi sobrina, a quien cuidaríamos por el año que ella iría a Inglaterra a estudiar su maestría. La noche que llegó Ceiba, una adorable golden retriever, salí a cenar con un amigo. Al regresar a casa nos encontramos a la perrita frenéticamente ladrando hacia la pared. Se escucharon ruidos en la azotea y mi amigo, tratando de protegerme, decidió ir a revisar si había alguien en el techo. Subió por las escaleras y pronto bajó a avisarme que no había nadie. Yo, mientras tanto, continuaba tratando de convencer a la perra para que dejara de gruñir. Al darme por vencida, me levanté y Ceiba salió despavorida a ladrar al jardín. Entonces me acerqué a mi amigo y le dije al oído, como intentando evitar que nos escucharan los seres que nos rodeaban: "Aquí hay fantasmas". Vi cómo, inmediatamente, se erizó la piel de mi acompañante, quien no tardó en despedirse y salir de casa.

Así las cosas, me dediqué a buscar ayuda. Llamé a un sacerdote, a la tía de un amigo que se dedicaba a hacer limpias y a una médium que me recomendó alguien más. Debo haber hablado con cinco o seis personas, de muy diferentes oficios y creencias, para ver si podían ayudarme a ahuyentar a los espíritus de mi casa. Cada uno, incluyendo al padre que hacía exorcismos, me pidieron que les contara sobre mi situación. Unos meditaron, otros echaron las cartas y el sacerdote oró antes de decirme, con todas sus letras, que lo que tenía en casa era algo muy oscuro y maligno, por lo que se negaba a intervenir. Nadie se atrevió a ayudarme. Ni siquiera a distancia.

Sintiéndome frágil y haciéndome la fuerte, simulando indiferencia para que mi hijo no sospechara nada, continúe indagando quién podría venir a ayudarme, hasta que me dirigieron a una gitana argentina de apellido griego. Cuando Lucía, como se llama esa mujer, vino a México, hizo lo mismo que los demás: echó las cartas para saber de qué se trataba, pero ella sí se aventuró a intentar limpiar la casa. Pidió tres cosas para visitarme: que no estuviera mi hijo, que no hubiera ninguna mujer menstruando y que le diera una olla para trabajar, la cual nunca volvería a ser útil. Con esas concesiones llegó una mañana, puso algo parecido a copal e incienso en la olla y comenzó a cantar y danzar por toda la casa, desde la planta baja hacia arriba. Se detuvo en mi dormitorio y señaló la pared que queda entre mi vecina y yo, para declarar que ahí estaba el umbral donde estaban los seres descarnados. Después continuó su camino y al llegar al dormitorio de mi hijo se alzó una llamarada que llegó hasta el techo. Ahí se detuvo a cantar y cantar como si arrullara a un niño, dando suaves vueltas con su cuerpo, hasta que la lumbre se convirtió en una llama, después en una flama que terminó en un humo negro transparente y volátil. Esa noche fue la peor de todas, el ruido entre las paredes y sobre el techo era descomunal, no pude pegar el ojo. Por la mañana llamé a Lucía, desesperada le conté que todo se había alterado, que quizá pasaría algo como lo de la tortuga, las llaves o un suceso más violento. Tenía miedo. Con voz calmada y conmovida, ella me aseguró que lo que había escuchado eran ruidos de la mudanza, que estaban marchándose ya. Y, milagrosamente, fue verdad. Ésa fue la última vez que se oyeron o se dejaron sentir presencias oscuras a mi alrededor.

Pero ¿por qué asocio este tema con mi rompimiento emocional con Roberto? Por dos razones importantísimas. La primera es que, cuando una persona está deprimida tiene una vibración baja y atrae personas, situaciones y, ahora lo sé, incluso fuerzas muy bajas que no son sanas ni amistosas. La segunda es que, en mi viaje por tratar de curar mi mal de amores, abrí puertas energéticas que desconocía y que probablemente me hicieron vulnerable. De haber sabido la factura que vendría en mi búsqueda para aliviar mi dolor, jamás hubiera recurrido a tantas personas ni hubiera abierto mi corazón a todos esos desconocidos. Fue una lección dura, pues, una vez que estuve mejor de ánimo y de salud, llegó esa oscuridad al único lugar en el que había encontrado refugio: mi casa. Una vez limpio el espacio en el que vivíamos mi hijo, nuestros perritos y yo, la vida volvió a verse positiva y libre de fantasmas encarnados y desencarnados.

La relación tóxica

¿Has leído la novela *Retrato de una dama* de Henry James? Es la historia de una joven estadounidense, Isabel Archer, quien viaja por primera vez a Inglaterra, visita la casa de sus parientes y conquista a su familia, al grado de que a todos les cambió el destino. La joven tenía deseos de conocer el mundo y su tío le heredó una fortuna para darle la capacidad y la libertad para lograrlo. Ella tuvo tres pretendientes que le ofrecieron matrimonio, dos de ellos muy amorosos, establecidos en su posición y con grandes riquezas. El tercero, sin embargo, no era adinerado, no tenía profesión y, para colmo, ni siquiera era afectuoso, pero fue quien la conquistó y logró desposarla. El dinero fue el motivo por el cual ese hombre se interesó por Isabel, y con el matrimonio logró cortarle por completo sus alas.

Tras leer esa novela parece casi absurdo que la protagonista haya elegido al único que no le ofrecía nada, ni siquiera amor, sino al que la necesitaba para sobrevivir. Esto, sin embargo, lejos de empoderarla, la acabó debilitando, porque cedió no sólo su herencia, sino también su voluntad. Como lectora es fácil reconocer su error y, más aún, desear meternos en ese personaje y mostrar varias salidas a su dilema. Pero Isabel se halla presa de su desaliento y ha perdido el valor de ponerse por encima de la sociedad, prefiere castigarse por tomar una mala decisión que arriesgarse a ser feliz al reconocer su error y remediarlo.

Viktor E. Frankl habla de un vacío existencial en el que el ser humano se ve, constantemente, en la necesidad de elegir sin ningún instinto que lo conduzca a tomar una decisión. "Algunas veces ni siquiera sabe lo que quiere", dice el neurólogo, psiquiatra, filósofo y creador de la logoterapia. "En cambio, desea hacer lo mismo que otras personas (conformismo) o hace lo que otras personas le dicen que haga (totalitarismo)". Ante tal disyuntiva, no es raro vernos vivir nuestra propia equivocación: elegir la pareja errónea, estar inmerso en una relación tóxica o ser víctima de un golpeador. El solo hecho de entregar de nuevo el poder a alguien más que, para colmo, resulta destructivo. Esa circunstancia detona todas las inseguridades posibles en la persona que se halla debilitada y sin una visión clara de sus posibilidades de liberación.

Yo me he involucrado en relaciones en las que tanto mi pareja como yo somos afines en nuestras debilidades y hemos desgastado juntos nuestras fortalezas. El tipo de situación en donde no te sientes la mujer que eres, no te crees capaz de inspirar amor, admiración o deseo. Ésa que es un caldo de cultivo para la duda, el desaliento y, en un momento irreversible, la indiferencia.

El nudo suele ser ciego para algunos y, para aquellos que lo identifican, no siempre fácil de desenredar. El síndrome de Isabel Archer, como lo llama mi hermana, ha estado presente en mi propia historia y en varias de mis amigas y conocidas. El enigma es qué hace que una persona se someta a él y se sienta prisionera de su propia decisión.

Puede haber un foco rojo cuando se suspenden las relaciones sexuales indefinidamente y la pareja vive como si fueran compañeros y no amantes. También cuando las agresiones son incluso sutiles, como lanzarse comentarios sobre la gordura o la ineptitud. El abuso puede consistir en miradas insinuantes a otras personas o hablar de ellas como si la pareja no escuchara. También hay humillaciones recubiertas de sentido del humor para, entre risa y risa, sobajar a la pareja. Hay modalidades de sometimiento al hacer que la persona vulnerable se convierta en una esclava, incluso sexual.

Una psicóloga alguna vez me dijo que las víctimas de abuso físico frecuentemente perdonan a sus parejas porque éstas no siempre son los monstruos golpeadores. Son hombres con facetas luminosas, amorosas y hasta sentimentaloides que pueden pedir perdón con lágrimas en los ojos y mostrar una actitud servil por un tiempo, hasta que la ira los rebasa de nuevo. Las víctimas, enamoradas de esa cara noble de su pareja, no pierden la esperanza de que regrese "el bueno" y se vaya "el sádico", sin entender que ambas son una misma persona indivisible. Siempre existirán las eternas optimistas que viven con la esperanza de que lo perdido regresará y, mágicamente, volverán el amor y el deseo. Otras, sin embargo, se empantanan como Archer y encallan pagando la penitencia por haber elegido esa relación. Por suerte, también hay personas que encuentran un motivo o, simplemente, se colman con la última gota que pueden soportar y salen de ese marasmo de confusión y baja autoestima.

El problema suele ser que hemos entregado nuestro poder y, al cederlo, perdemos la brújula de nuestra felicidad. "Aunque se siente que la paleta de los sentimientos es ilimitada, de hecho, cada tonalidad emocional, como cada color, se deriva de unas pocas emociones primarias: tristeza, enojo, alegría y miedo", afirma Eger. "Para una persona es más fácil identificar el sentimiento que proviene de ésos. Una vez que los nombras, hay que asumir que son propios. No importa quién los provocó, son desde adentro. Y se puede elegir sentirlos y aprender de ellos, en lugar de que dominen: aceptar y enfrentar los sentimientos".

La relación amorosa la conforman dos personas, hasta que algo sucede que hace que el vínculo se diluya y los individuos ya no estén en el centro de la relación, sino en un camino paralelo e independiente. "Empezamos a amar con idealización y terminamos con denigración... La madurez te hace ver que no hay héroes y villanos, sino la mezcla de lo bueno y lo malo: la tolerancia a la ambivalencia", afirma Alain de Botton en su libro *The School of Life*. Sin embargo, agrega, "a veces nos relacionamos con lo que nos es familiar y eso puede ser una tortura". Esto es frecuente cuando la víctima repite el patrón de la relación caótica o violenta de sus padres y tiende el escenario perfecto para replicarla en carne propia.

Por si esto fuera poco, la relación tóxica, desafortunadamente, trasciende los límites del amor de pareja. También puede darse entre padres e hijos, entre hermanos, amigos, colegas y, desde luego, entre jefe y subalterno. El acoso moral es conformado por conductas de violencia psicológica reiterada y prolongada de una persona con posición de poder (que no necesariamente es jerárquica en el organigrama o la familia ni tiene que ver con una ventaja económica) hacia una o varias personas. El perverso en cuestión no suelta a su presa. "Está persuadido de que tiene razón, y no tiene escrúpulos ni remordimientos", dice Marie-France Hirigoyen en su libro *El acoso moral*. "Las personas que están en su punto de mira deben mantener permanentemente un comportamiento irreprochable y no tener fallos visibles, so pena de ver cómo surge un nuevo ataque perverso". El maltrato, sin embargo, es tan sutil y la o las víctimas se sienten tan frágiles que no hay confrontación ni diálogo al respecto.

"En el ámbito empresarial, la violencia y el acoso nacen del encuentro entre el ansia de poder y la perversidad", afirma Hirigoyen. El acoso moral en el trabajo es "cualquier manifestación de conducta abusiva y, especialmente, los comportamientos, palabras, actos, gestos y escritos que puedan atentar contra la personalidad, la dignidad o la integridad física o psíquica de un individuo, o que puedan poner en peligro su empleo o degradar el clima de trabajo". En un ambiente de psicoterror, como lo denomina el psicólogo Heinz Leymann, la víctima al principio no se permite tomar en serio las indirectas y humillaciones. No obstante, al ser atacada con regularidad, se ve acorralada y se va sometiendo a una posición de inferioridad, perpetrando el círculo vicioso que solidifica una dinámica asimétrica y destructiva. Los que están alrededor, otros ejecutivos o colegas del agredido, guardan silencio por temor a despertar el interés del perverso, para evitar conflictos o poner en peligro su empleo.

Esto no termina ahí, el acoso provoca una fobia recíproca, pero la víctima suele comportarse erráticamente, hay nervios y confusión. Con ello, el perverso refuerza sus ímpetus de lanzar indirectas, hacer gestos, corregir, humillar y descalificar, así como ponerla en evidencia frente al grupo o en privado. La víctima termina siendo estigmatizada: "Se dice que el trato con ella es difícil, que tiene mal carácter o que está loca", asegura Hirigoyen. Ante la presión, por más esfuerzo invertido, el acosado pierde concentración y eficacia, lo que fortalece el argumento del agresor y termina por marginarlo, generarle un *burnout* (agotamiento laboral) o provocar su renuncia.

Recuerdo alguna vez haber salido de la oficina de un jefe, el director de la empresa en la que trabajaba, y en las escaleras encontrarme con un colega que estaba por entrar a la cita siguiente con él. "¿Cómo te fue?", preguntó cauteloso, casi compasivo. "Es difícil saber", dije, "pues entre sonrisa y sonrisa suelta unos comentarios muy desagradables". Su dentadura perfecta, esbozando una sonrisa hermosa, era un marco extraño que no coincidía con la hostilidad de sus palabras. "¡Es cierto!", confirmó mi compañero. "El abuso es tan sutil como desconcertante. Uno preferiría gritos que esas sonrisas perversas, al menos así quedaríamos claros de que estamos siendo maltratados".

En su libro, Hirigoyen hace énfasis en que el abuso no siempre viene de un jefe. En ocasiones se trata de un grupo subalterno en contra de un individuo nuevo que ingresa al equipo y llega a ocupar un puesto superior que ellos no aceptan por no haber sido consultados.

Decir adiós

Te he contado la historia de mi desamor con Roberto y todos los intentos que hice para restablecer mi corazón. Si bien es cierto que todos tenemos un camino, un tiempo y una forma de lograrlo, es sano ayudarse para apreciar lo bueno que tuvo una relación, aunque sólo fuera por breve tiempo, las razones por las que no funcionó y por las que estás mejor solo que mal acompañado. La autora del libro *Coming Apart*, Daphne Rose Kingma, sugiere una reunión de cierre cuando ésta se puede llevar a cabo de manera civilizada. En ella, los miembros de la pareja se reúnen con un fin constructivo, aunque debe quedar claro que no se trata de una reconciliación. Por el contrario, lo que sugiere es que se puede hablar de una estrategia clara que determine, como ejemplo, si se pretende continuar con una amistad, si se desea un rompimiento definitivo o si habrá un tiempo de pausa para ver si la relación puede transformarse en un formato diferente que no sea más de pareja, como en el caso de las personas que tienen hijos.

La propuesta de Kingma es que sean capaces de hablar de la situación con sinceridad, sin poses, ironías ni reclamos, a sabiendas de que es la última ocasión para decir lo importante. ¿Qué decir en momentos tan dolorosos? Ella sugiere que empiecen por algo dulce, como recordar la manera en que se enamoraron y enlistar las razones por las que lo hicieron. Después pueden proceder a hablar de cuáles fueron los errores que los llevaron hasta ahí; se vale ser completamente honestos al decir algo como: "Debí pedir la separación cuando ya no era feliz, en lugar de serte infiel y lastimarte más" o "Jamás dejaste de señalarme por la muerte de nuestro hijo y eso me sumió en la culpa y la depresión". La persona que expone su dolor debe ser tan respetuosa como la que escucha, y esta última debe poder reflexionar al respecto, dar sus razones y aprovechar la valiosa oportunidad de perdonar o perdonarse. La etapa final debe de ser una estrategia realista de cómo se llevará a cabo la separación. No es el lugar ni el momento de dividirse propiedades o dinero, sino de plantearse si habrá comunicación, si se necesitará de una terapia para limar asperezas o si se requiere que no haya más contacto entre ambos. Claridad, amor (aunque sea por el fantasma de la relación) y, ante todo, respeto.

Para desvincularse de una relación laboral, puede que se requieran algunos trámites burocráticos, e incluso legales, si existe una sociedad o contrato firmados. Pero, como en toda relación, y mayormente en una tóxica, es preciso que hagas un cierre, con o sin la persona con la que padeciste y perdiste el control. Lo ideal es que, si esa persona era tu superior en el organigrama, sea cual fuere el desenlace, puedas ir a despedirte como el profesional que eres. Aunque no todos tenemos el estómago para hacerlo, suele ser lo más indicado para dejar las cosas en orden y tu prestigio intacto. Cuando, en cambio, se trata de un colega o un subalterno, vale la pena que medites si amerita hacer el esfuerzo de verle la cara por última vez para cerrar el círculo vicioso y recobrar tu poder antes de marcharte, pues el hecho de irte sin ponerle cara al adversario te dejará en una posición débil ante ti mismo. Lo que piense el otro, poco importa. En realidad, se trata de un acto a la vez de valentía y de empoderamiento que dejará de situarte como un ser sumiso y cobarde.

El amor nutritivo

El verdadero amor, según el monje zen Thich Nhat Hanh en su libro homónimo, debe tener cuatro elementos: el *maitri* o amor incondicional, que consiste en desear hacer feliz al ser amado, darle alegría, pero, para lograrlo, debes observar profundamente a tu amado o amada, de manera que seas capaz de comprenderlo, lo cual implica dedicar tiempo de calidad para captar exactamente lo que le brinda felicidad. La compasión, *karuna*, es el segundo elemento, el cual consiste en aliviar el sufrimiento. Como imaginarás, también se consigue a través de la observación previa. El tercero es la alegría, denominada por él como *mudita*, en el que asegura que, si no hay alegría en el amor, si sufres, si lloras, si te angustias o te sientes menos, simplemente no se trata de un verdadero amor. El cuarto es la libertad, *upeksha*: amar es dar y sentir completa libertad externa e internamente. "Cariño, ¿tienes el suficiente espacio en tu corazón y a tu alrededor?", sugiere preguntar el monje, para que te cerciores que amas con libertad.

Hay dos cosas que no pueden ocultarse, según la sabiduría popular: el dinero y el amor. Como ahora nos estamos ocupando del segundo, habrá que reconocer que, ciertamente, cuando estamos enamorados se nos nota, y cuando ese amor nos lleva a vibrar muy alto es imposible que los demás ignoren que hay un brillo en nuestras pupilas y una ilusión casi contagiosa que nos delata desde el corazón.

El enamoramiento inicial puede ser tan irracional como estúpido. Recuerdo, por ejemplo, haber conocido a Pierre en una reunión a la que llegué, por cierto, bastante desencajada, porque, además de tarde, tuve que dar una parca explicación de por qué no venía mi pareja conmigo (nadie sabía que nos habíamos separado). Enseguida, vino a hacerme conversación y, a pesar de que me pareció guapo y muy agradable, no volví a pensar más en él después de que me fui. A los pocos días recibí su llamada en mi oficina. Pierre había buscado la revista para la que trabajaba y, después de marcar varios números, alguien le había dado mi teléfono directo.

Las primeras llamadas fueron extrañas porque para mí era obvio que no estaba en condiciones de relacionarme con nadie todavía. Pero cuando fuimos a comer, y otro día a cenar, pensé que quizá podíamos irnos conociendo mientras yo me deslindaba, de a poco, de mi relación anterior. Pasó casi un mes de vernos y hablarnos un par de veces por semana, y en una conversación, durante una cena, le dije que estaba buscando casa, pues el sitio donde vivía desde mi separación había sido un hogar temporal. Pierre me dejó hablar, tomó mi mano, la besó y me pidió que me fuera a vivir con él. En ese momento podían haber pasado varias cosas, cada una de las cuales habrían tenido desenlaces completamente opuestos. Que aceptara e iniciara una relación amorosa sin haber sanado la pasada o que saliera huyendo de ahí nada más pagáramos la cuenta del restaurante. Tomé la segunda alternativa.

Pienso en Pierre con cariño y con la convicción de que no estaba en sus cabales cuando propuso vivir con una verdadera extraña que acababa de pasar por un rompimiento amoroso. Pero él no es el único ingenuo que apuesta de ese modo, he escuchado historias realmente increíbles de dos locos que se juegan el todo por el todo. Alguna vez una chica me contó que en la noche de su boda huyó con otro hombre que acababa de conocer en la fiesta. Me lo dijo abrazando al bebé que ambos habían engendrado y que después no criaron juntos por incompatibilidades irremediables.

Estoy convencida de que amar implica conocer a la persona, lo mejor posible, al menos. La mayoría de los que nos comprometimos sin conocer profundamente a nuestra pareja hemos pagado muy caro pensar que el amor es primero y la convivencia reforzará el sentimiento. Desafortunadamente, ésta puede hacer lo contrario. Pero, si nos tenemos que poner de acuerdo, estoy segura de que coincidirás en que debes pasarla muy bien con esa persona, tener conversaciones estimulantes, deseo de compartir toda clase de momentos, admiración por lo que es y lo que hace, así como compartir metas en común.

Obviamente, es ideal que haya un factor erótico que los una como pareja, porque si no terminarán siendo *roomies* (compañeros de departamento solamente) y, aunque hay cientos de parejas que viven en esa condición, la ausencia de intimidad y erotismo suele pasar una factura alta. "Amar", afirma Nhat Hanh, "es sobre todo estar presente". Porque estar ahí, con ella o con él, en cuerpo y alma, es el mejor regalo que le puedes dar, pues reconoces la presencia del otro. El monje formula un mantra para hacérselo saber: "Cariño, estoy presente por ti".

Pero, ojo, estar presente no sólo implica que sea en los buenos momentos. También conlleva estarlo en situaciones de desaliento, tristeza y grandes pérdidas. Entonces hacerte presente en cuerpo y alma toma una importancia sin precedentes que alivia a quien amamos. Nhat Hanh sugiere otro mantra en esa circunstancia: "Cariño, sé que estás sufriendo, por eso estoy aquí por ti". Sin embargo, en toda relación se presentan circunstancias en las que somos nosotros quienes hemos provocado el sufrimiento en quien amamos o viceversa. Nhat Hanh nos recuerda que Buda aseguraba que en el verdadero amor no hay lugar para el orgullo. "Si estás sufriendo", dice el monje, "has de pedir a la persona que te ha hecho sufrir que te ayude diciendo: 'Cariño, estoy sufriendo, ayúdame, por favor'". Botton agrega al respecto: "Si no explicas, es imposible ser comprendido, y por ello tienes que convertirte en un maestro. Pero jamás harás que la otra persona entienda si la humillas y la haces sentir pequeña".

No sé si es orgullo o estupidez, pero quedarte con la sensación de que alguien te hiere sin decir nada no te hace más valiente. De hecho, te confirma como un cobarde. ¿Alguna vez has pisado a tu perrito sin querer? ¿Qué hace él, además de quejarse para que quites tu pie de su patita? Inmediatamente te voltea a ver. ¿Por qué? Porque, a pesar de ser un animal que nosotros nunca catalogaremos tan inteligente como un ser humano, ese perro tiene la nobleza de mirarte a los ojos para comprobar si quisiste agredirlo o el dolor fue causado por un infortunado accidente. ¿No crees que deberíamos aprender más de las mascotas?

Qué diferente sería mi historia si hubiera sabido pedir ayuda, articular lo que me estaba haciendo sufrir, en lugar de intentar que alguien lo adivinara y después resentirlo por no leer mi pensamiento o sentimiento. Tanto enojo es consecuencia del silencio. Se produce demasiado desgaste porque no nos comunicamos entre nosotros.

Amistades y buenas compañías

La amistad es un tesoro, pero también tiene sus retos. El primero es mantener el vínculo afectivo, los intereses en común y la comunicación sincera y fluida, a pesar del tiempo. Yo he perdido infinidad de personas que fueron importantes para mí, sin saber cuándo fue la última vez que hablamos, sin pleitos ni despedidas. Simplemente, nuestros caminos nos llevaron a otros sitios y se extravió la conexión. Hay, sin embargo, otros amigos a quienes no veo muy seguido, pero queda en mí la certeza de que el tiempo o nuestra evolución como seres humanos poco han hecho para alterar lo que nos unió algún día.

Los amigos pueden convertirse en la familia elegida. Pero, como buena familia, algunas veces nos confrontan con miedos, inseguridades, celos, envidias, intolerancia y un sinfín de sentimientos no del todo positivos. Aquí aplica la misma capacidad de regeneración que permite volver a sellar el corazón y reiniciar el camino conjunto. También hay rompimientos, y no por ser entre amigos son menos dolorosos.

El punto de estas relaciones, como debía ser en todas, es que sean nutritivas para tu alma. Claro que no podrías regular el nivel de salud o de riqueza en una dinámica entre tu equipo de trabajo y tú, porque muchas veces no has elegido a tu gente o en ocasiones lo has hecho basado en que sean funcionales para alcanzar las metas laborales, pero sin involucrar un afecto o una afinidad personal. Los amigos, sin embargo, los elegiste y está en tu ámbito cuidar de ellos, darles cariño, apoyo, abrigo y contención cuando lo necesiten, y sentir que serás ampliamente correspondido si el que lo requiriere eres tú.

Las relaciones más lejanas, como son las que mantienes con colegas o colaboradores en tu trabajo, también deben gozar de transparencia y buena voluntad. Esto es más fácil decirlo que hacerlo, ¿cierto? Porque los seres humanos no siempre somos claros ni tenemos sentimientos positivos. Así que tocará predicar con el ejemplo y alejarte de las personas negativas que no te permiten seguir por un camino de colaboración y mutuo crecimiento. La persona indiscreta, la chismosa, la presumida, la inconstante, la errática, la abusiva o cualquiera que sea el defecto que te empaña el día, no tiene que ser tu amiga, ya es suficiente con que sea un colega con el que debes mantener una actitud educada y respetuosa.

Aquí haré un paréntesis para hablar de algo que toqué ya en mi libro *Imagen, actitud y poder*, porque no quisiera pasarlo por alto.

Las mujeres en la vida cotidiana, pero con mayor énfasis en el ámbito laboral, solemos ser tremendas entre nosotras. Nos descalificamos, celamos, envidiamos, calumniamos y obstruimos toda posibilidad de éxito. A veces incluso hacemos equipo para acosar a otra chica. Si se trata de una mujer bonita, decimos que ha obtenido el puesto por relacionarse sexualmente con el jefe; si está soltera, comentamos que es obvio que nadie la quiere y por eso está amargada; si es rica, la calificamos como una niña mimada y superficial. Podemos inventar cualquier cosa con tal de no dejar a ninguna tranquila. Somos conflictivas, intolerantes, oscuras y *bullies* (abusivas). Todas lo hemos sido y, tristemente, muchas lo siguen siendo, a propósito y con satisfacción.

Como en casi todas las historias de mi vida, he encarnado las dos caras de la moneda: fui víctima o victimaria. Siempre he tenido buenas amigas mujeres, pero por mucho tiempo me sorprendí al verme rodeada de hombres que me daban una amistad más sencilla y transparente. Hasta que, poco a poco, me tomé muy en serio la idea de que mi mejor aportación con las chicas de mi equipo sería enseñarles lo que sé sin desconfianza ni celos profesionales. Después me di a la tarea de ayudar a otras mujeres de mi industria sin que ellas tuvieran que pedírmelo, simplemente porque descubrí que se sentía agradable. Al trabajar en *Imagen, actitud y poder* fui descubriendo autoras e iniciativas que hablaban de estas prácticas y de lo maravilloso que era iluminarse cuando otra mujer brillaba. Así que mientras más he aplaudido, auxiliado y querido a las mujeres, más me he topado con mejores y cálidas amigas. No cabe duda de que cuando vibras en alto, se te acercan personas fabulosas. Hoy, tengo que decirlo, estoy rodeada de mujeres amorosas, quienes son astros relucientes en mi vida.

Si nuestras carreras profesionales son el equivalente a un tablero de serpientes y escaleras, como planteo en el libro mencionado, quiero ser una escalera para todo el que pueda ayudar a ascender. No obstante, como mujer, me alegra poder mostrarle los peldaños a otra mujer y verla elevarse, sobresalir y triunfar. Pero cuando no soy el instrumento directo para ayudar, siempre puedo convertirme en un eslabón que una a dos mujeres para que se auxilien y, probablemente, se conviertan en amigas.

He dicho adiós a todas esas tonterías culturales y retrógradas respecto de la rivalidad femenina; mejor, me he puesto a colaborar con las mujeres valientes y trabajadoras que creen en la cooperación y su espectacular contribución a la sociedad actual. De la misma manera, he tenido y espero tener la oportunidad de ser útil también a los hombres y a cualquier persona de la comunidad LGBT+, si en algo puedo ayudarles. Espero que puedas compartir este deseo y que trabajemos por un mundo menos retorcido y más luminoso.

Vergüenza

Según la Real Academia Española, el significado de vergüenza es: "Turbación del ánimo ocasionada por la conciencia de alguna falta cometida, o por alguna acción deshonrosa y humillante". El problema de esta definición es que omite algo importantísimo: la vergüenza no llega necesariamente por algo externo, como una falta contra un individuo o una acción negativa, cuando alguien te descubrió robando comida porque eres pobre y tienes hambre, por ejemplo, sino que a veces se arraiga en lo más profundo de tu ser, sientes que hay algo malo en ti que te hace incapaz de ser amado o aceptado.

La vergüenza es el miedo a la desconexión, ese temor de algo que hicimos o dejamos de hacer, un ideal que no hemos logrado o una meta que no alcanzamos y nos parece que no merecemos conexión alguna, según Brown.

"La vergüenza dice nadie me ama, no pertenezco", confirma la especialista en el tema. "Es un intenso y doloroso sentimiento que nos hace creer que estamos defectuosos y, por lo tanto, no merecemos amor, conexión o pertenecer". La autora *bestseller* asegura que es en la vergüenza donde nace el perfeccionismo porque nos adjudicamos los fracasos o errores y sentimos que nos quedamos siempre cortos ante los demás. Esa vergüenza, además, combinada con el miedo da pie a toda clase de comportamientos erráticos y poco éticos que pueden generar adicciones, violencia, agresión, depresión, desórdenes alimenticios y *bullying*. Para colmo, la vergüenza odia ser nombrada, es un secreto guardado bajo el yugo de nuestro sufrimiento.

A mí, por ejemplo, aceptar mi infertilidad me llenó de vergüenza. Hubiera accedido a que el hombre que fue mi esposo se divorciara de mí para buscarse una mujer que pudiera darle un hijo. Sé que suena melodramático, pero, créeme, hay parejas que se separan por este tema y yo sentía que debía darle esa opción. De hecho, muchos años pasaron en los que, ya disfrutando mi maternidad, no volví a pensar en esa terrible sensación de sentirme defectuosa. Hasta que, ya divorciada, comencé a salir con un hombre que me gustaba mucho y que un buen día me dijo que su mayor deseo era ser papá. Haz de cuenta que alguien abrió esa herida profunda que creía sanada, pero reventó ahí mismo. A la mañana siguiente de haber escuchado esa confesión me encontré, una vez más, sintiéndome indigna de esa relación. Me alejé algunos días y, después de que él me buscó sin lograr hablar conmigo, tomé el teléfono y le dije lo que sentía. Ese hombre no era el culpable de mi vergüenza, pero para mí, en esa situación, era quien me rechazaba por mi condición infértil. Esa historia terminó así, abruptamente, y con la imposibilidad de negociar lo innegociable. Yo nunca podría dar a luz un bebé.

Hay quien se avergüenza por haber perdido el trabajo, haber sido infectado con covid-19, haber cerrado su negocio, haberse recibido con honores en la universidad y tener que vender comida para sobrevivir, ser muy bajo de estatura, usar lentes o por su color de piel. Hay, de verdad, una lista interminable de lo que a la gente la hace sentirse indigna. Neil Pasricha, en su audiolibro *How to Get Back Up* habla de una madre que se avergüenza cuando alguien ve que sus hijos son muy morenos o él mismo al tener un solo testículo, y pide que, en lugar de seguirnos lamentando por nuestra condición de indeseables, editemos nuestro discurso y nos hagamos las siguientes preguntas:

- ¿Esto me importaría en mi lecho de muerte?
- ¿Puedo hacer algo al respecto?
- ¿Esto que me aflige es una historia que me estoy inventando?

Pasricha tiene razón al afirmar que no hay opinión más importante sobre ti que la tuya. Muchas veces, dice, la vergüenza tiene que ver con lo que pensamos que son juicios de los demás, pero los que realmente imperan son los nuestros. Lo cual es peligrosísimo porque hemos podido divorciarnos, renunciar a un trabajo, alejarnos de un proyecto, sintiendo que no merecemos quedarnos ahí, sin que nadie más lo piense así. Nuestra vergüenza, entonces, puede ser una enemiga poderosa.

"La vergüenza vive del secreto, del silencio y del juicio", confirma Brown. El problema, en ocasiones, reside en que estamos tan centrados en nuestra vergüenza que no sólo sentimos que nos define, sino que ocultamos el sentimiento que en sí mismo nos avergüenza. Por ejemplo, no nos atrevemos a ir al cine o a una boda solos porque nos parece que estamos evidenciando que no tenemos pareja y, por lo tanto, somos indignos de amor.

Por si esto fuera poco, también adoptamos la vergüenza de alguien más, que es lo que coloquialmente llamamos tener "pena ajena". Así, unos padres sienten vergüenza porque su hijo renunció a ir a la universidad o porque fracasó en un negocio. En su blog *Wait But Why*, Tim Urban describe este sentimiento como "Una obsesión irracional y poco productiva sobre lo que la gente piensa de ti". Él habla del "huracán de miedo" y el precio tan alto que pagamos por la gran responsabilidad de mantener nuestro instinto de supervivencia social en línea. Para combatir esa ansiedad de sentir que perteneces, buscas desesperadamente la aprobación, los halagos y la sensación de estar en el lado correcto de lo que espera la sociedad de ti. A eso, súmale un personaje al que Urban llama *Puppet Master*, un ser o grupo cuya opinión te importa tanto que prácticamente dejas que controle tu vida. Quieres la aprobación del *Puppet Master* a como dé lugar y te aterra desilusionarlo, por lo que tomas todas las decisiones para agradarle, mientras que niegas tu propia voz, ésa que sabe todo de ti y tiene un código moral formado por experiencias, reflexiones y un punto de vista propio sobre el valor del dinero, el matrimonio o lo que realmente te interesa. Puede que consideres que tu voz no sabe qué deberías hacer, pero sí tiene una idea de lo que podría ser tu siguiente paso. Por un lado, el problema es que, en lugar de ver adentro, puedes perder tu voz al estar más pendiente de lo que dicen los demás y hacerte más y más frágil ante las críticas. "Lo que eres se convierte en una mezcla de las opiniones fuertes a tu alrededor", afirma Urban, quien asegura que debes entender dónde está tu miedo y qué te hace susceptible a la vergüenza. ¿Qué parte de tu vida necesita un cambio u honestidad?

Hay que partir de un hecho innegable: la gente realmente no está pensando en ti todo el tiempo. Es más, incluso cuando está juzgándote o criticándote, el tiempo que te dedica es mínimo y el esfuerzo titánico que le procuras a hacerte deseable y aceptado puede no redituarte en absoluto, pues nada ni nadie te garantiza que serás aceptado ni integrado. Esa ansiedad social, por lo tanto, no sólo es inútil, sino que suele basarse en factores mal calculados.

Por otro lado, la vergüenza tampoco resulta una buena consejera. Muchas veces, cuando te sientes humillada, das pie a la vergüenza, y eso detona un ímpetu de venganza que no disminuye hasta aplastar a la persona que te hirió. En otras circunstancias, sin embargo, no se requiere que alguien te destroce la autoestima, tú mismo puedes hacerlo cuando estás en ese terrible estado de vergüenza.

Pasricha relata, por ejemplo, la experiencia que vivió en su primer empleo, en el que fue el único seleccionado, entre cientos de estudiantes, para ocupar un puesto importante en la empresa Procter & Gamble. Pasado el fantástico sentimiento de orgullo y seguridad de haber sido elegido en el "trabajo ideal" de cualquier recién graduado, el autor muy pronto comprendió que no era apto para el puesto. Ante el inminente fracaso y las diversas formas en que le habían llamado la atención sus superiores y miembros del equipo de Recursos Humanos, su vergüenza le hizo cometer una serie de errores graves: empezó a hablar mal de su jefe, contestaba los correos de forma defensiva o incluso agresiva y, con esa terrible actitud, se convirtió en un problema no sólo para él mismo, sino para los demás.

La mejor manera de conocer, controlar y vencer a la vergüenza es darle permiso de que te confiese dónde vive. Los antídotos que resalta Brown contra este desagradable sentimiento son la autocompasión y la empatía.

En mi mamá había una vergüenza porque, al abandonarla su madre, su abuelo la entregó a otra de sus hijas para que la criara. Ese sentimiento de "no ser deseado", "ser abandonado" o "regalado" atormenta a la mayor parte de las personas que han sido dados en adopción. Es como si fueran defectuosos y no merecieran pertenecer ni ser amados. A mí me despertó lo mismo la infertilidad, pero, si me siento abandonada por un ser querido, detona de inmediato en mí ese mismo sentimiento. Por eso, es importante que conozcas dónde habita tu miedo y qué te hace susceptible a sentirte avergonzado, qué es lo que le da un pase directo a tu oscuridad, para hacerte sentir indigno y humillado.

Es momento de preguntarte si puedes hacer algo al respecto. Veamos, mi mamá no podía cambiar su pasado ni yo tendré jamás un embarazo ni un parto. Sin embargo, al nombrar esa vergüenza pierde fuerza y, a base de reconocer constantemente su intrusión, incluso pierde importancia. Hay muchas cosas que pueden ser modificadas para dejarte de doblegar ante el miedo de ser una persona incompleta, incapaz o sin derecho al amor. ¿Qué es lo que necesitas cambiar? ¿Acaso es tu relación tóxica de pareja? ¿Debes *despedir* al jefe maltratador?

¿Es preciso que no adoptes la vergüenza por situaciones ajenas que no están en tu ámbito? Recuerdo, por ejemplo, que mi mamá se enteró de que yo quería divorciarme cuando tenía apenas un año de casada, entonces me dijo que no podía encarar a sus amigas con esa noticia. Sintió vergüenza de mí y reafirmó mi sensación de ser inadecuada e insuficiente, en lugar de consolarme, tratar de sanar mi corazón dándome su apoyo y de abstenerse de juzgarme y sentirse acusada por su grupo social. Para ella, su *Puppet Master* era amenazante y la entiendo, porque para mí habían sido mis propios padres los que fungían como tales, y si me había decidido a revelar mi carta del divorcio fue después de que me quedaba claro que no había manera de sobrevivir dignamente en ese matrimonio. Tuve que poner mi salud mental y física por encima de mi vergüenza y de la suya.

Ahora, cuestiónate: ¿quién es ese *Puppet Master* que se ha convertido en tu carcelero? ¿Qué porcentaje de tus acciones están encaminadas a complacerlo? ¿Quieres seguir viviendo por los demás en lugar de ser honesto contigo mismo? ¿No te parece que ese esfuerzo por agradar y pertenecer podría ser capitalizado para conseguir tu propia felicidad?

Es posible que conserves tu puesto para no caer en la desgracia frente a los demás, en lugar de buscar el trabajo que te haga sentir productivo y relevante. Quizá, durante la pandemia, perdiste tu empleo. A mí me sucedió, junto a 80% de la gente que trabajaba en la misma empresa, pero esa circunstancia no puede mermar nuestra dignidad. Ni un escenario ni el otro son agradables o fáciles. Sin embargo, no debes vivirlo hacia afuera, pensando en el qué dirán. Es más, debes evitar poner tus palabras o pensamientos en otras personas, asumiendo que ellas consideran que eres un fracasado, que te despidieron por haragán o que no eres buen partido. En cambio, te propongo centrarte en recuperar tu fortaleza y seguridad a través de lo que te nutre: regresa a tomar clases, busca una labor alternativa que goces mientras se recupera la economía, une tu esfuerzo con otros colegas talentosos y emprendan algo nuevo. Eso es ocuparte, en lugar de preocuparte. Sólo recuerda una cosa importante: tu puesto no te define. El trabajo es una forma de ganarte la vida y viene en formas y caminos insospechados, hay que estar abierta a reconocer el que te pertenece y te hará feliz.

Tener vergüenza muchas veces nos hace sentir que somos malos o incluso nos hace ofender o agredir a quienes nos detonan ese sentimiento: si por alguna razón te sientes avergonzada, inmediatamente te enojas y humillas a la persona que provocó ese temor, esa angustia de sentirte rechazada, de que no perteneces y reaccionas defensivamente como si hubieras sido descubierta.

Brown sugiere que tomemos las siguientes medidas para vencer la vergüenza:

1. Reconocerla y entender los detonadores que la provocan.
2. Practicar la conciencia crítica al identificar los mensajes y las expectativas que detonan la vergüenza; si son realistas, obtenibles respecto a lo que quieres ser o se trata de la historia que te haces de lo que todo el mundo necesita y quiere de ti.
3. Buscar ayuda al apropiarnos de nuestra historia y compartirla con alguien de confianza.
4. Hablar de lo que sentimos y pedir lo que necesitamos.

Estos puntos terminarán con el caldo de cultivo donde ha vivido nuestra vergüenza a través del silencio, de la secrecía y del juicio que la alimentaron siempre.

De nada sirve tanto empeño por quedar bien si vas deteriorando tus principios, valores, sentimientos y deseos. Deja que tu voz tenga el sitio que merece y empieza por pensar cosas buenas de ti sin juzgarte. Verás que todas esas consecuencias y juicios fatales que imaginaste son pasajeros y, en ocasiones, no fueron fundamentados ni jamás se harán realidad. "Cuando decides ver a la otra persona a través de la lente del amor, ya no eres víctima", dice Gabrielle Bernstein, autora del audiolibro *You Are the Guru*. "Dejar la culpa y la vergüenza va a transformar tus relaciones para siempre". Ten una mejor opinión de ti y de los demás, a eso se refiere con la lente del amor, y vivirás más pleno y menos atormentado. Dar amor es la mejor manera de defenderte de un ataque y romper la barrera del miedo, según Bernstein, pero defenderte es, como suena, igualmente una estrategia bélica. Así, es preciso que dejes de concentrarte en los demás y comiences a ver tu mundo y tu vida como propios, para hacerte cargo de las formas que te brinden felicidad.

Autopercepción

Sé tú mismo sin disculparte.
Anna Wintour

No puedo hablar de vergüenza sin tocar el tema que me ha llevado años estudiar: cómo nos vemos y nos aceptamos ante el espejo. La complejidad de concentrarse en las carencias pocas veces se ve con tanto énfasis como cuando nos miramos a nosotros mismos, sólo podemos pensar en lo que no tenemos: el pelo más largo, un tono diferente o más brillante, las piernas torneadas e interminables, el cuello esbelto y prolongado, el pecho grande o mejor pequeño. El punto es que nunca estamos satisfechos con lo que encontramos y, en lugar de abocarnos a lo que sí tenemos y capitalizarlo, terminamos deseando lo que no hay, vivir la carencia, dejando nuestra autoestima por los suelos.

El *body shaming*, que no es otra cosa que la vergüenza de nuestro cuerpo, no sólo se lleva a cabo en la privacidad de nuestro hogar, por el contrario, es una campaña mundial que hemos padecido y ahora se ha exaltado con las redes sociales.

Lo típico que nos viene a la mente es el sobrepeso, que, fuera del justo ámbito de la salud, es satanizado por hombres y mujeres por igual. Nos da por adjudicarle características a las personas que tiene unos kilos por sobre el peso estándar, como que no tienen control de sí mismas, que son perezosas y no se cuidan. Incluso, laboralmente puede asumirse que no son personas aptas para responsabilidades importantes. Lo peor es que las mismas personas *curvy* suelen lacerarse al grado de que destruyen su amor propio y no se dan la oportunidad de gozar, ya no digamos de la moda, sino tampoco del amor, porque sienten que no lo merecen.

Recientemente escuché un audiolibro llamado *A Short Drink of Water*, en el que su autora, Mara Altman, hace un recuento tan humorístico como dramático sobre las desventajas y la discriminación que padecemos los que somos bajos de estatura. En cierto grado, los hombres sufren aún más los centímetros menos de su altura. Eso no exime que el resto de quienes medimos por debajo del promedio seamos víctimas de bromas, ofensas y, desde luego, injusticias, como ser ignorados para un puesto importante, un salario jugoso o una pareja atractiva.

Los morenos o los asiáticos, los pelirrojos, los albinos, los discapacitados, los que tienen cicatrices expuestas, los que usan lentes, los que llevan frenos, los excesivamente delgados, los lampiños, los que tienen demasiado vello y los que pasan de "cierta edad", entre una lista que parece interminable, son los que padecen de complejos y de la discriminación constante en sus relaciones personales o laborales.

¿Cómo podemos pedirle a este mundo cruel que cambie su obtusa manera de concebir la belleza? En realidad, no tenemos ninguna autoridad moral si en la intimidad de nuestro baño o dormitorio nos atormentamos nosotros mismos con lo que vemos reflejado en el espejo. Debemos empezar por cada uno de nosotros partiendo de un punto fundamental que no me cansaré de repetir: si no puedes aceptar algo en tu vida, debes cambiarlo. Y si no puedes cambiarlo, tienes que aceptarlo.

Hace poco trabajé como asesora de imagen de una joven que tiene una cicatriz a lo largo de su abdomen, a raíz de una operación. Prácticamente, desde la primera sesión, ella me expresó su inseguridad al usar bikini o blusas cortas que mostraran su cicatriz. Inmediatamente me puse a recopilar fotografías de mujeres africanas que se hacen cicatrices queloides para adornar su cara y cuerpo. Visto desde esos ojos, esas gruesas cicatrices son hermosas y deseables. "¿Por qué no ver así la que llevaba mi clienta y con ello honrar su historia?", me dije. Afortunadamente, ésa fue la estrategia que coadyuvó a que ella aceptara ir a la playa o se pusiera la ropa de moda sin sentir ni un ápice de vergüenza.

Planteemos un triste escenario: suponiendo que tuvieras un accidente hoy, y ya no pudieras caminar más o se te destrozara la cara, ¿verdad que desearías volver a tener esas piernas hábiles que te llevaban por la vida o ese rostro que, con cualquiera de sus defectos, era tu identidad? Bueno, pues es momento de apreciarlo hoy, no esperes una desgracia, ni siquiera a mañana. ¡Hazlo ya!

Eger, en su mencionado libro, relata una desgarradora escena que tiene lugar en el campo de concentración polaco cuando la rapan a ella y a su hermana Magda, y esta última pregunta cómo se ve sin pelo. La joven le dice que sus ojos son hermosos y que no los había notado antes bajo su abundante cabellera. "Es la primera vez que veo que tenemos una alternativa: poner atención a lo que hemos perdido o poner atención a lo que todavía tenemos", concluye como reflexión a ese recuerdo.

Criticar, juzgar y quejarte

Uno de los cursos que cambió mi vida se llama "Las siete semillas de amor y abundancia", en el cual es obligatorio, durante las primeras semanas, dejar de criticar (a nosotros o a los demás), abstenerse de juzgar y de quejarse. Obviamente, esos propósitos resultaron complicadísimos porque estamos acostumbrados a que gran parte de nuestras charlas entre amigos consistan en una de estas tres malas costumbres. Si nos quitáramos un pelo de nuestra cabeza cada vez que las practicamos, nos quedaríamos calvos en un par de semanas.

Nos sentimos capaces de hablar mal de propios y extraños, tomar partido y calificar sus acciones, además de quejarnos a diestra y siniestra. Lo hacemos con nosotros mismos, con una vara alta, y la crecemos todavía más para medir a los demás. Nos aventuramos a criticar lo que tanto trabajo nos ha costado controlar, como cuando hablas mal de la señora cuyo hijo hizo un berrinche, considerando lo difícil que ha sido para ti mantener al tuyo a raya. Nos comparamos, pues, con resentimiento y victimización. Pero no contentos con ello, vamos a chismearlo para que todos se enteren, ya no de la realidad, sino de nuestra versión subjetiva y aumentada de ésta.

Pepa Pombo, la encantadora y talentosa diseñadora de moda colombiana, cuenta que a su mamá no le gustaba que criticaran a nadie y siempre que la charla llevaba a hablar mal de alguien ausente decía lo siguiente, una frase que ojalá se nos grabe a todos en nuestro ADN: "Bueno, si no podemos cambiar a nuestros amigos, cambiemos de tema", evitando así esa charla negativa. Daniel Habif, en su libro *Inquebrantables*, nos plantea otra perspectiva que coincide con la anterior. Un amigo suyo fue a contarle que ciertas personas hablaron mal de él. A Habif poco le importó lo que tenían que decir ellos, pero le replicó a su interlocutor: "¿Por qué se sintieron cómodos diciéndotelo a ti?". Un amigo, agrega el autor, "jamás participaría en mi juicio en mi ausencia" e invita a las personas que se ven en este aprieto a cortar la mecha antes de que explote la bomba como muestra de cariño y lealtad.

Envidia

La envidia es el homenaje que la mediocridad le rinde al talento.
JACKSON BROWN

Eso que hace otra persona y que, en lugar de gusto por ella, te provoca ira, frustración y devaluación personal se llama envidia. Sucede que te comparas y decides que una persona tiene lo que a ti te hace falta. Ante una carencia que detectas sientes dolor y recurres a la crítica, al juicio, a victimizarte o, peor aún, a injuriar al otro. Sin embargo, te invito a que le des un giro de 180 grados a ese sentimiento que surge porque ese personaje que envidias ha hecho o posee algo que tú crees merecer o poder lograr y te da coraje ver que él lo ha conseguido y tú no. Pero, en lugar de mirar tu carencia y su abundancia, capitaliza la sensación de que tú, realmente, hubieras podido hacer o tener lo que envidias y cambia el pensamiento a: "Yo puedo, soy capaz". Analiza y aprende de las cualidades que ese sujeto tiene y hazte el propósito de perseguir ese sueño después de esta dolorosa llamada de atención. No descartes llamarle y pedirle consejos, pues podrías sorprenderte de que un acto de humildad así suele ser correspondido con generosidad del otro lado.

III

Alas

Ningún viento será favorable para quien
no sabe a dónde va.
SÉNECA

Volar es un ejercicio mental que, como sucede con las afirmaciones, cada vez más adquiere una función real. Cuando te sientes listo, te impulsas y tus alas se encargan del resto.

Muchas veces escuché hablar de la liberación de tortugas en las playas mexicanas. Pero no fue hasta mi memorable visita a Careyes, Jalisco, que tuve la oportunidad de presenciar y ser parte de esta hermosa experiencia.

Alrededor de las seis de la tarde llegamos a una playa aislada con un cerco de tela de alambre, como los antiguos tendederos, en donde había un buen número de cubetas volteadas hacia la arena. Al acercarnos, pude observar que había tres cubetas que no estaban boca abajo, esto porque en ellas había tortugas recién salidas de sus huevos y listas para ser liberadas. La liberación se hace al atardecer para tratar de evitar que los depredadores se coman a las tortugas. Por eso, al estar el sol a punto de meterse, procedimos a dejarlas en la arena para que se encaminaran hacia el mar. Puse una tortuguita en mi mano. Me impactó la fuerza de sus aletas, que batían desesperadas en busca de las olas. Coloqué mi palma hacia el cielo y, con el dorso sobre la arena, vi salir velozmente a esa tortuga hacia su destino. No titubeó ni un segundo. El ruido del mar, que siempre me ha impresionado, y la fuerza de las olas no fueron obstáculo para que esos seres tan pequeñitos e indefensos se arrojaran a un mundo desconocido.

"¡Qué valientes son!", pensé, y no pude evitar relacionarlas con mi hijo, quien, a sus 19 años se enlistó, en plena pandemia, al Cuerpo de Marines de los Estados Unidos. Cuántos peligros les esperan a estas tortugas, por más que cuidamos todo para que llegaran al mar sin percance, sin saber qué encontrarán en la profundidad del océano para sobrevivir o morir. Así he tenido que soltar a mi hijo, con su imponente estatura y sus cada vez más desarrollados músculos, pues, el ser de luz que considero un joven dulce y muy humano, se ha ido a meter en un mar de valores y acciones que considero peligrosos. Suelto la primera tortuga con preocupación. Las siguientes diez ya me habituaron al procedimiento y no pienso dos veces al liberar al resto de la cubeta y darles adiós llena de esperanza, aunque con un inevitable dejo de incertidumbre. Me tocó hacer lo mismo con mi Francisco: aplaudir su valentía mientras ocultaba mi propio temor. Recuerdo cómo mis padres mostraron absoluta confianza en nuestras decisiones, que a veces eran obviamente equivocadas, porque sabían que sólo al cometer errores o fracasar podríamos optar por tomar otro camino. Me tocaba seguir el ejemplo de lo que hicieron conmigo. No había más que mar para ese centenar de tortugas que deseosas se arrastraban a la orilla y se sumergían en el abismo del horizonte ya sin rastros del sol.

Una mañana fría, sentada en una grada, vi marchar a seis pelotones con jóvenes en uniforme de gala. El niño que un día llegó a mis brazos, aún bebé, en el año 2002, estaba en el segundo pelotón, segunda fila, segundo sitio, en el segundo mes del año 2022. Tantas vidas formadas ahí para enfrentarse a lo peor que puede provocar el ser humano: la guerra. Jóvenes de 17 a 27 años que entregan su alma y marchan ante mí como si batieran sus aletas, hambrientos de aventura y peligro. ¿Quiénes de ellos regresarán de esas guerras que no decidieron? ¿Cuántos llegarán a viejos para mostrar sus medallas a sus nietos? ¿Llegarán sanos, completos, en sus cabales? Pienso en las cubetas que cubren los huevos para proteger a las tortugas de sí mismas, impidiéndoles el camino hacia el mar y ser presas de predadores. Quisiera convertirme en un huevo y rodear a mi hijo y a sus colegas para asegurarles su vida con la mía. Pero ya no puedo. He perdido el control. Ese sueño único que Francisco había estado forjando, a pesar de los comentarios adversos que provocaba a su alrededor cuando lo compartía, era ser parte de un cuerpo militar, el más exigente y preparado, *The few, the proud* ("Los menos, los orgullosos"), dicen los Marines, así que me tocaba desearle suerte y confiar... Son tus alas, Francisco, ¡vuela! Pero, por favor, ¡regresa íntegro!

Imperfección

La perfección es pariente cercana del síndrome del impostor (cuya creencia es que no eres merecedor de las gracias que te rodean y alguien pronto lo señalará), pues siempre nos hace compararnos y evaluarnos como que somos menos que los demás, nos demanda el triple de trabajo porque nada parece ser correcto o, simplemente, no deseamos comenzar a laborar porque no nos sentimos preparados y lo peor es que nos deja insatisfechos en cualquier etapa del proceso.

"El perfeccionismo es una lujosa versión de alta costura del miedo. Creo que el perfeccionismo es miedo calzando unos zapatos divinos y un abrigo de mink, pretendiendo lucir elegante, cuando realmente está aterrado", advierte Gilbert. "Porque debajo de ese reluciente aspecto, el perfeccionismo no es más que una profunda angustia existencialista que dice una y otra vez no soy suficiente y nunca lo seré".

Ese debilitador ataque de perfeccionismo me ha hecho rehén en más de una ocasión. Ahora mismo, después de haber tenido una trayectoria en varias revistas fabulosas, es difícil querer algo con menos abolengo en la vida, me encuentro en el vaivén de sentir que no soy suficiente con respecto a lo que fui o que estoy sobrecalificada para optar por un camino más sencillo y sin estrés. Escucho con extrañeza cómo me presentan en la radio o en la televisión utilizando las credenciales de mi pasado: "Fue editora de tal o cual revista", como si al no tener un puesto de relevancia pública mis méritos se hubieran encogido. Así que he tenido que recurrir a mi espíritu de guerrera, escribiendo estas líneas, para abandonar el miedo a ser vista como la que fui y darme fuerza para sentir orgullo de quien ahora soy.

El perfeccionismo no conoce género ni edad. He visto niños que pueden repetir diez veces una plana de caligrafía porque no "les sale" suficientemente "derecha", lo mismo que adultos que se atormentan frente a la pantalla de la computadora porque a su mente no acuden las palabras idóneas para escribir su novela. No obstante, las mujeres podemos padecer más predominantemente este mal porque hay una tendencia global por considerarnos menos capaces, poco preparadas y más cobardes ante los retos.

Durante siglos ha habido en nosotras ciertas creencias de que no somos aptas para determinadas cuestiones, como las matemáticas o la tecnología, por señalar dos áreas que suelen mencionarse en tiempos recientes. No obstante, más que estar basadas en su verdadero desempeño, sacamos esas conjeturas a través de nuestra inseguridad. Por eso, cuando hay una convocatoria, pocas de nosotras nos apuntamos, mientras que los chicos se sienten candidatos, aunque no tengan las credenciales para el puesto o la oportunidad.

La explicación a esto, según los expertos, va desde que tenemos un prejuicio que nos limita como profesionistas, porque, si no tenemos la certeza de contar con el 100% del conocimiento, nos parece que no somos suficientes, hasta que los hombres han sido mejor entrenados para el fracaso que nosotras. Simplemente el hecho de presentarse cada sábado a jugar contra otro equipo los condiciona a enfrentar una derrota y sobreponerse para volver a la semana siguiente buscando ser mejores. Mientras, las niñas y las jóvenes que han jugado con muñecas, juegos de té o manualidades tienen menor acondicionamiento para levantarse de las caídas sin sentirse unas perdedoras.

Wabi-sabi es una filosofía japonesa que enaltece la belleza de lo imperfecto oponiéndose a la simetría absoluta, a desechar lo viejo y a intentar eliminar los defectos. En realidad, esta manera de ver la vida, aplicable también a la estética, concibe la noción de que nada es para siempre ni puede considerarse acabado o perfecto. Esta visión es, sin duda, más relajada que la occidental, pues implica la paz, la aceptación, la armonía, la libertad y el equilibrio que nos ha mostrado la madre naturaleza. Con ella podemos celebrar las imperfecciones y gozar, de una manera intuitiva, el proceso orgánico de la belleza real, transitoria e imperfecta.

Con este parámetro japonés podríamos ser no sólo más flexibles, sino también más compasivos con nosotros y nuestros semejantes. Dejar de juzgar o criticar para, quizá, encontrar algo así como la belleza de la arruga en el lino o los hermosos rasgos de una letra ilegible, como la mía. Sólo acepta el hecho de que eres suficientemente bueno y no necesitas más.

Pensar en lo imperfecto que venera el *wabi-sabi* nos da la oportunidad de reconocer lo que nos ha cimbrado —el desempleo, la enfermedad, la separación emocional, la muerte, el estancamiento y el duelo, por mencionar sólo algunos avatares—, nombrando lo que sentimos para verlo como una realidad. Deja por un momento de luchar contracorriente y acéptalo: porque sólo haciendo tuyo ese sentimiento podrás sanarlo con autocompasión. Es ese momento en el que te das permiso de estar ahí, en ese espacio imperfecto de desaliento, tristeza, duda o dolor, en el que se abren puertas llenas de oportunidades. Ya lo decía el neurólogo y psiquiatra Viktor E. Frankl: "Entre el estímulo y la respuesta hay un espacio. En ese espacio está nuestro poder de elegir nuestra respuesta. En esa respuesta reside nuestro crecimiento y nuestra libertad". Grandes obras han sido creadas por desamor, despecho, desesperación o desolación. Maravillosas empresas se han fundado una vez que la vida hizo una mala jugada al individuo que respondió convirtiéndose en un emprendedor exitoso. Todo ello debido a que esos tiempos de tempestad suelen ser donde tocamos nuestra alma y hacemos contacto con nuestro espíritu para abrazar a la musa o a ese corazón batiente, y al poder que surge como un ave fénix mostrando sus plumas brillantes sin rastros de cenizas.

Amor propio

*La dicha suprema de la vida es
la convicción de que somos amados,
amados por nosotros mismos, mejor dicho,
amados a pesar de nosotros.*
Victor Hugo

Desde el kínder nos han dado herramientas para sobresalir, pertenecer y, en algunos casos, incluso distinguirnos por ser originales. Es curioso, sin embargo, que nunca haya existido un taller, una materia o un libro de texto escolar asignado a algo tan importante como es el amor propio. Muchas personas, de todas las edades y condiciones sociales, piensan que la autoestima va de la mano con el éxito y, por lo tanto, no siempre se consideran candidatos a merecerlo, pues ese triunfo suele relacionarse con un buen puesto, mucho dinero, fama y demás condiciones materiales. Lo cierto es que ninguna de las ideas anteriores tiene una base verdadera. No se podría afirmar que el amor propio es algo con lo que se nace o que se logra sólo por abonar dólares a una cuenta bancaria. Pero se sabe que la infancia es determinante para generar la seguridad y confianza deseables en cualquier ser humano. Lo curioso es que en una misma familia, donde los hijos compartieron la misma crianza, algunos tienen mejor autopercepción y autoestima e incluso mayor certeza de su valía.

¿Cómo, entonces, puede ser que hemos crecido rodeados de amor y con los cuidados indispensables no sólo para haber sobrevivido, sino también para llegar a desarrollarnos cabalmente, pero sin haber fomentado el amor propio? En cierta forma, la sociedad nos muestra como un defecto que hablemos bien de nosotros mismos. Debemos ser humildes, es necesario que no seamos ni parezcamos soberbios, vanidosos o presumidos. No está bien visto que una persona diga: "Se me ve muy bien ese color", "Soy la mejor publicista en mi industria", "Tengo mucho talento como pintora". Pero a nadie nos sorprendería ni alarmaría oírla decir frases como: "Estoy totalmente negada para los números", "Ese tono se me ve horrible" o "Estoy muy por debajo del promedio de mis compañeros".

Tampoco ayudan mucho las etiquetas que nos ponen los padres, pues terminan tatuando en nuestra autoconcepción el o los adjetivos que nos asignaron. Desde decir cosas como: "Ella es la ordenada", hasta "Él es muy mentiroso", puede modificar y dañar la autoestima de los niños e ir arrastrando una idea limitada de ellos mismos que después se les dificultará superar. Para colmo, los papás realmente actúan con base en esas definiciones de sus críos, de manera que les refuerzan las características subrayadas y dejan de estimular o descubrir otras capacidades y talentos.

El físico de los chicos juega un papel importante en el comportamiento de padres y familiares, pero también de los extraños, que puede favorecer o comprometer el desarrollo del amor propio. A los niños con sobrepeso, por ejemplo, se les enseña que hay algo desagradable en su figura con comentarios lastimosos y acciones, como permitir que la hermana delgada pida un helado cremoso y obligar a la más robusta a que se limite a elegir entre las nieves preparadas con agua y bajas en azúcar. El repudio al sobrepeso u obesidad, coloquialmente llamado "gordofobia", suele ser un mensaje que se encaja en el corazón de quien batalla con los kilos e incluso en algunos que resultan ser, tratando de obtener total control de su cuerpo, susceptibles a anorexia o bulimia.

Las bromas y burlas en la casa y el colegio merman la confianza de los pequeños. Para dar un ejemplo personal, recuerdo que mi padre me decía que era bonita, pero era una lástima que no tuviera los ojos azules, ya que él poseía un par de ojos azul intenso que heredaron tres de mis hermanos. Con su mensaje contradictorio, mi confusión me llevaba a inducir que los que tenían los ojos claros eran superiores a los que no los tenían. Por fortuna, mi madre encontró un gran antídoto para ese lacerante comentario. "¿Quién es más guapo: tu papá o yo?", preguntaba. "¡Tú!", contestaba yo sin titubear. "Pues yo no tengo los ojos azules", decía al cabo, "y tú te pareces más a mí, así que no le hagas caso". Mi hermano tampoco ayudaba con este flagelo, al comentar cuando estábamos todos en la mesa: "Mamá, dile a Lucy que se salga porque con su dentadura te puede rayar el piso", haciendo alusión a mis enormes dientes de conejo que resultaban excesivamente desproporcionados para mi pequeña estatura. O mis compañeros en la secundaria que, entre risas cómplices, me gritaban que se estaba descosiendo el dobladillo de mi falda porque tenía dos hilos colgando, refiriéndose a mis delgadas piernas. Con frases tan destructivas como ésas, y las que lo son aún más, es casi un acto de heroísmo salir de casa.

Los rasgos de carácter también suelen utilizarse para describir, satanizar o mofarse de los niños y adolescentes cuando éstos intentan conformar una identidad. Mi padre, por ejemplo, lanzaba el calificativo de "zoncita" (diminutivo de zonza) cuando alguna de nosotras no había podido realizar una encomienda, como encontrar la dirección de un restaurante o colocar un foco en la lámpara. Entre mi mal desempeño en la escuela y ese calificativo, valga la redundancia, descalificativo de mi padre, pensé por muchos años que yo era verdaderamente tonta. Lógicamente, lo ideal es que nuestro mundo cercano nos contenga y acepte, pero éstos y otros muchos mensajes se van insertando en la autoestima de los pequeños y jóvenes dificultándoles el sentirse merecedores de amor y aprobación o justo lo contrario.

Para colmo, nuestro diálogo interior suele ser de lo más hostil. Nos decimos cosas espantosas, como si tuviéramos una madrastra perversa en la mente que nos ataca a la menor provocación. Pero lo más sorprendente es que, cuando lo hacemos, nos convertimos en niños frágiles e indefensos, soportamos el maltrato, como lo hacíamos ante los *bullies* que nos atormentaron en la infancia. Así que es sorprendente, primero, que permitamos tal abuso y, segundo, que lo recibamos como si hubiéramos retrocedido el tiempo y desaprendido todo sobre la experiencia de vida, el respeto a nosotros mismos y la autoestima.

Jay Shetty, el autor del libro *Piensa como un monje*, sugiere que ese diálogo no sea un monólogo. Por ejemplo, cuando nuestra mente nos atormente con pensamientos como: "Soy malísima para las relaciones públicas, intentar relacionarme con el cliente ha sido un fracaso", debemos responder en voz alta diciendo: "Estoy comenzando en esta industria y es natural que no sea fácil establecer de inmediato una relación idónea con el cliente; sin embargo, es un primer paso y él notó mi buena voluntad". Adicionalmente, esta estrella de las redes sociales y presentador del *podcast On Purpose*, quien en algún momento de su vida fue monje, coincide conmigo en que la palabra escrita es muy poderosa, pues, además de que se queda en el papel (o la pantalla) para poder ser analizada, es un escape del inconsciente sin tanto filtro; por eso, propone que conviertas tu diálogo corrosivo en un ejercicio escrito en el que plasmes tus inseguridades y tengas oportunidad de leerlas como si te estuvieras dirigiendo (incluso lo puedes hacer para saber qué se siente) a tu hermana o amiga, y observar la cantidad de injusticias que te propinas, rebatirlas y, por qué no, trabajar en lo que puedes mejorar.

Lo cierto es que, pasados los años, por un lado, el amor propio se deteriora y, por el otro, se ignora de tal modo que descubrimos que cuidamos de todos antes que de nosotros. No nos consentimos, tampoco nos honramos o damos importancia a lo que nos está dañando o intoxicando todos los días. Podemos recriminarnos habernos comido una hamburguesa por el temor de ganar peso, pero nunca nos amonestamos por repetirnos que somos unas idiotas a lo largo del día.

¡Es momento de parar! Busca entre las telarañas de tus sentimientos olvidados dónde quedó ese amor propio que te hace sentir valiosa, relevante y poderosa. Si no lo ves en la primera pasada, ya sea porque no lo encuentras o porque sientes que nunca lo tuviste, ¡no te preocupes! Ya llegará a ti una vez que sigas algunos de los pasos siguientes para procurarlo.

- **Presta atención a tu espíritu:** hay un alma que habita tu cuerpo y que pocas veces consideras al tomar decisiones muy importantes. Detente a encontrarte y reconócete. Ahí has estado viviendo por décadas enteras sin que te miraras y, menos aún, te cuidaras. Observa con atención porque hay un espíritu vibrante dentro de ti, ansioso por ser amado. Toma tus decisiones tanto importantes como superfluas considerando tu ser. ¿Qué es lo que realmente quieres para ti?
- **Escúchate:** te la has pasado tratando de pertenecer y de agradar. Has ido por la vida intentando cumplir con los estándares de la sociedad. Pero ¿qué hay de tu propia voz? ¿Quién eres en realidad y por qué no te has abrazado con aceptación? Hoy te pido que te escuches y valides que hay una voz ahí dentro, capaz de hablarte

con amor y compasión, interesada en conversar sobre sus verdaderos sueños y expresar sus necesidades.

- **Revisa tu corazón:** el amor propio se va mermando con la inseguridad. Compararte con otras personas, ponerte estándares muy altos o buscar la perfección en cualquier faceta de tu vida te llevará, irremediablemente, a sentirte inadecuada. La solución, si bien no es fácil, debe dejar a un lado el anhelo de parecerte o de superar a los demás y concentrarte en ser mejor tú, pero no para el resto del mundo, sino para ti misma. Frankl lo dijo en condiciones bastante más complicadas que las nuestras: "El amor es la meta última y más alta a la que puede aspirar el hombre".

- **Abandona la culpa**: ese sentimiento no tiene nada de constructivo y, en cambio, parece ser tu peor enemigo cuando se trata de adquirir amor propio. Si te atormenta haber hecho el mal a alguien, primero debes saber que no eres mala, busca perdonarte y, si existe la manera, ofrece una disculpa sincera y repara el daño. Pero si tú eres de las que quiere ser estupenda en todo y simplemente quedas mal contigo misma cuando no te dio tiempo para revisar la tarea con tu hijo, perdiste la paciencia con tu madre u olvidaste el cumpleaños de tu mejor amiga, lo más valioso que puedo recomendarte es que hables contigo misma y, con mucho amor propio y compasión, te des permiso de ser imperfecta. Llama a tu gente y diles que te sientes mal por lo ocurrido, que no ha sido intencional, pero sé clara contigo misma respecto del amor que les tienes y que te tienes, pues éstos siguen intactos.

- **Deja de criticarte:** si has resultado tu peor juez, es hora de que despidas a esa voz reprobatoria y hagas una ceremonia de bienvenida para la que puede verte con ojos de amor. "Soy una mujer fabulosa, pues me amo así como me veo frente al espejo", o "En lugar de sentirme triste porque no tengo el éxito que esperaba, estableceré mis propias metas y tendré la paciencia de llegar con mis capacidades y herramientas" son un ejemplo de lo que puedes decirte. Tal vez, al principio, no creas del todo tus palabras, pero a base de escucharlas irán tornándose en verdaderas.

- **Alivia tus heridas:** si hay algo que te lastima, debes dejar de ser tu propia víctima y parar de una vez la causa de ese pesar. Abandonar un mal matrimonio, renunciar a tu trabajo, cambiar de carrera o decirle adiós a una situación tóxica puede parecerte complicado, pero, una vez que sea parte del pasado, te reconciliarás con el ser valiente que ha estado ahí esperando que le des su lugar en tu vida. Ni tú ni nadie debe ser definido por sus errores pasados: la redención es posible.

- **Trátate como si fueras importante**: mucho me temo que te has maltratado, incluso habrás abusado de ti en más de una ocasión. Pero hoy será el último día, pues vas a aceptar con amor propio lo que eres. "¿Por qué tratarte como plebeyo si eres de la nobleza?", diría sonriente el famoso dermatólogo Howard Murad, de quien aprendí que si yo no era la persona más importante por cuidar en mi vida mis seres queridos no podrían disfrutar de mi cariño, mis mimos y mi protección.

- **Considérate suficiente:** no eres perfecta, nadie lo es. Pero eres lo suficientemente valiosa para ser amada por ti y por los que te rodean. Recuerda la belleza de la imperfección del *wabi-sabi*. Los que no te valoren que sigan de frente y caminando, porque sólo quieres a tu lado a personas que te aprecien.

- **Eres un ser maravilloso:** al alimentar tu amor propio comenzarás a sentir oleadas de cariño y generosidad hacia los otros, derivadas de tu propia autoestima. No tienes que ser modesta. Encuentra el gran valor de ser como tu mejor y más original obra. Nadie es igual a ti. Date permiso de aceptar con orgullo que eres un ser excepcional. Di lo que aconsejó Linda, la médium, en nuestra sesión por Skype: "Esto es lo que soy, es lo que siempre he sido, nunca he sido de otra manera. Yo siempre he amado y honrado quien soy y mi corazón está abierto y me guía en el camino, porque no tengo miedo".

Compasión

En el budismo, el amor y la compasión se conectan porque en el amor queremos darle felicidad a la persona que amamos, mientras que en la compasión, en lugar de enfocarte en la felicidad del otro, lo haces en su sufrimiento y, en ocasiones, estás dispuesta a tomarlo como tuyo. La clave del budismo son los cuatro pensamientos inconmensurables que debemos cultivar diariamente para que nuestras inclinaciones mentales tiendan a ser positivas. Junto con el amor, la ecuanimidad y la alegría, la compasión forma parte de estos principios:

- **Amor:** es la búsqueda para que los demás sean felices y mi contribución a este fin.
- **Compasión:** se trata del deseo de que los demás seres no sufran e implica ayudarlos para eliminar sus posibilidades de sufrimiento.

- **Alegría:** consiste en cultivar el estado mental de felicidad, de agradecimiento y de gozo por el bien propio y el ajeno.
- **Ecuanimidad:** tiene que ver con no discriminar a ningún ser. Es mirar, ayudar y amar a todos por igual (ya sea un animal o una persona, incluso si nos ha lastimado).

"Llevar a cabo esta práctica puede tomarnos toda la vida, pero si anhelamos la paz mental y sentir conexión con los demás, es prioridad trabajar en ello", asegura Marcela Morales, una de mis amigas más entrañables que ha pasado los últimos años entregada a esta hermosa tarea. "Para cultivar la compasión, es indispensable comenzar con el trabajo en la autocompasión. Esto implica reunir el valor suficiente para reconocer el dolor propio y después tomar acciones para remediarlo". Aquí la complicación suele ser que, si no soy capaz de reconocer mi sufrimiento, ¿cómo podré ser empática con el dolor ajeno? Ésa es, sin duda, una de las razones por las que existen los opuestos: sin vivir la felicidad no sería fácil identificar la tristeza. De la misma manera, el gozo nos permite distinguir cuando algo nos hace sufrir, y en este acto de reconocimiento podemos convertirnos ya sea en víctimas de los demás o de la propia situación, o bien tomar un camino más activo y sano a través de la autocompasión.

Kristin Neff, autora de varios libros sobre el tema, en su página de internet Self-Compassion (self-compassion.org), subraya tres elementos que debemos considerar sobre la autocompasión:

1. **Ser amables con nosotros en lugar de autojuzgarnos:** ser cálidos y comprensivos cuando sufrimos, fallamos o nos sentimos inadecuados, en lugar de ignorar nuestro

dolor o flagelarnos con la autocrítica. Las personas autocompasivas reconocen que ser imperfecto, fallar y experimentar dificultades en la vida es inevitable, por lo que tienden a ser amables consigo mismos cuando se enfrentan a experiencias dolorosas.

2. **Ser humano en lugar de aislarnos:** la frustración provocada por no obtener exactamente lo que deseamos, suele ir acompañada de una sensación irracional, pero generalizada, de aislamiento, como si fueras la única persona que sufre o comete errores. Sin embargo, todos los humanos sufren. Por lo tanto, la autocompasión implica reconocer que el sufrimiento y sentirse inadecuado son parte de la experiencia humana compartida.

3. **Atención plena (*mindfulness*) en lugar de una excesiva identificación:** la autocompasión requiere adoptar un enfoque equilibrado de nuestras emociones negativas para que los sentimientos no se repriman ni se exageren. Esta postura equilibrada surge del proceso de relacionar las experiencias personales con las de otros que también están sufriendo, poniendo así nuestra propia situación en una perspectiva más amplia.

La autocompasión honra la verdadera imperfección, asegura la profesora de The Great Courses, Laurie Cameron, en el curso titulado *El poder de la autocompasión* (*The Power of Self-Compassion*). Pero, al darnos cuenta de que estamos sufriendo, debemos tratarnos con ternura, paciencia y contención, como si estuviéramos siendo atendidos por nuestras madres. Hay que preguntarnos dónde duele para tratar esa herida. La compasión es el antídoto de la vergüenza, pues podemos reconocer nuestros retos, limitaciones y errores sin juzgarnos ni seguir obsesionados con ser perfectos o aceptados.

"Las personas no siempre pueden ser u obtener exactamente lo que quieren", agrega Neff. "Cuando se niega o se combate esta realidad, el sufrimiento aumenta en forma de estrés, frustración y autocrítica. Cuando se acepta esta realidad con simpatía y amabilidad se experimenta una mayor ecuanimidad emocional". En ese proceso no sólo debemos validar nuestro dolor como algo real, sino preguntarnos qué necesitamos para aliviarlo. De ahí que la conciencia plena, conocida en inglés como *mindfulness*, nos ayude a tocar nuestros sentimientos y poder observar lo que podría consolarnos. "Querido corazón: sé que estás sufriendo, por eso estoy aquí por ti", es el mantra que nos deja Tich Nhat Hanh para estos casos.

Así me ha sucedido a mí. Recuerdo cuando asistí al segundo ultrasonido para escuchar el corazón del hijo que estaba esperando. Llevaba un par de semanas de haber recibido la noticia más deseada de mi vida: estaba embarazada. En el primer intento de encontrar el latido del bebé, el doctor comentó que no siempre se detectaba en esa etapa y pidió que regresara en ocho días. Llegado el momento, el silencio en la sala del consultorio médico era sepulcral. Podía haberse escuchado la caída de un alfiler. El doctor pasaba la cabeza de la máquina por encima del resbaloso gel que cubría mi abdomen y no era difícil notar que estaba preocupado. No escuchamos ningún latido, en mi cuerpo no habitaba más que mi corazón, y estaba a punto de romperse. El médico desistió en la búsqueda, esperó a que me vistiera y pronunció las palabras que ensombrecerían mis siguientes meses: "El embrión no se desarrolló", dijo cabizbajo. Y con eso se dio carpetazo a mi sueño de concebir un bebé.

Ésa ha sido tal vez una de las mañanas más desoladoras de mi vida. No tenía que hacer mucha conciencia para saber que el dolor era intenso y estaba acompañada por una decepción enorme. Tenía que anunciar a las pocas personas que sabían sobre esa cita que mi embarazo había sido una mala broma del destino. Tenía que enfrentar los siguientes pasos basándome en el hecho de que cada mes, a partir de los 35 años, se reducen considerablemente las posibilidades de concebir. Todo estaba turbio en mis pensamientos, pero una cosa me quedaba clara: tenía que hablar con mis hermanas para sentirlas cerca, aunque nos separaran miles de kilómetros físicamente. Regresé a casa y, una vez que hablé con ellas, me recosté intentando dormir un poco. Estar en esa situación me remitió a muchas de las mujeres que perdían el primer bebé. Es verdad que no me sentí sola, aunque la desgracia que me unía a ellas, en ese momento, tampoco me consolaba. No obstante, ver la otra cara de la moneda siempre me ha resultado efectiva para sentirme, si no mejor, al menos no tan mal. Es decir: pensar en que era mejor haberlo perdido así, que cuando el embarazo estuviera avanzado. Que si el embrión no se desarrolló, era probable que hubiera una falla genética y, de ser así, lo mejor que pudo pasar es que ese bebé no viniera al mundo a sufrir. En fin, ese tipo de argumentos que plantean un escenario aún más negativo, y le dan a una situación un tono de "no tan mala", suelen ser muy efectivos para sanar mi alma al practicar la autocompasión.

Hay diversos estudios sobre la autocompasión, según Cameron, en los que se asegura que está relacionada con el sentido armónico de la vida, la felicidad, la satisfacción, el optimismo, la motivación, la autoseguridad y la resiliencia. Incluso influye en que tengamos una mejor apreciación de nuestro cuerpo y autoestima. Cuando no se practica, sin embargo, el resultado son niveles importantes de depresión, ansiedad, estrés, rumiación, autocrítica, perfeccionismo, vergüenza del cuerpo y miedo al fracaso.

A pesar de que las investigaciones prueban que la auto-compasión está relacionada con sentirse bien, especialmente cuando se trata de combatir ansiedad y depresión, Cameron se ha encontrado con resistencia de alumnos, ejecutivos y profesionales que asisten a sus cursos cuando ella quiere enseñarles sobre este concepto y hacer ejercicios para practicarlo. Esto sucede sobre todo con los que han sobresalido en su área gracias a su extenuante esfuerzo, quienes generalmente argumentan algo como: "Ser duro conmigo mismo ha sido la clave de mi éxito". A lo que la profesora responde que, en efecto, han elegido el método más doloroso para conseguir el mismo resultado, pues pudieron haberlo logrado con autocompasión, ya que alcanzar las metas es una de las virtudes que se le adjudican a esta práctica y la otra es sentirse motivado hasta completar cada etapa que lleva al éxito.

Por mucho que el castellano sea rico en palabras y expresiones, el inglés ha marcado la diferencia entre *self-compassion* (autocompasión) y *self-pity* (lástima de uno mismo), que suele traducirse como "autocompasión", pero que en realidad no tiene el mismo sentido. Quien siente autocompasión logra detectar su dolor, lo acoge, lo valida y busca aliviarlo. Por el contrario, el que siente lástima de sí mismo se victimiza quedando paralizado en una situación de sufrimiento en desventaja, en la queja constante y en el malestar de creer que ha sido castigado o que la vida es injusta con él. En esta situación, la actitud es pasiva y llena de amargura, mientras que en la autocompasión se despliegan el amor propio y la autocontención.

Pero ¿qué pasa cuando no somos nosotros los que sentimos dolor, sino alguien más? La maestra, antropóloga, ecologista, activista de derechos civiles, cuidadora de hospicios y autora estadounidense de varios libros sobre budismo y espiritualidad Joan Halifax asegura que la compasión es justo la capacidad de ver, claramente, a través de la naturaleza del sufrimiento. "Es la habilidad de mantenerme realmente fuerte y reconocer también que no estoy separado de este sufrimiento", afirma en su Ted Talk titulada *Compassion and the True Meaning of Empathy* (*La compasión y el verdadero significado de la empatía*). Pero no es suficiente, pues este profundo sentimiento despierta la aspiración de reducir o de eliminar el sufrimiento ajeno. Halifax lo sabe porque ella ha dedicado parte de su vida a trabajar con personas que padecen enfermedades graves o que están a un paso de la muerte. De ahí que conozca la bendición que es acompañar a alguien en sus últimos instantes regresándoles la dignidad con palabras amorosas o la paz con la contención de unos brazos generosos. La compasión, agrega la budista, no puede estar condicionada a los resultados. En otras palabras, quizá nuestro intento, por mejor intencionado que sea, no logrará eliminar el sufrimiento. No obstante, la compasión tiene el empuje de acudir a ayudar de cualquier forma y el solo hecho de hacernos presentes para intentarlo nos hace empatizar y hacer nuestro mejor esfuerzo por ayudar a los demás.

Oración para la compasión

En el libro *Change Me Prayers*, Tosha Silver hace la siguiente oración para fomentar la compasión:

Que todos los deseos se fundan en preferencias.
Déjame abrazar los retos cuando se presenten.
Dame paz y alegría en donde quiera que esté.
Enséñame a amarme a mí misma como tú me amas y
  verme como tú me ves.
Deja que todo lo que tenga que venir venga y lo que
  tenga que irse se vaya.
Déjame expresar mi compasión ante todos.

Los enemigos de la compasión, según Halifax, son la lástima, el miedo y el ultraje moral. La lástima, especialmente, suele confundirse con la compasión, ya que ambas implican la detección de sufrimiento en el otro que provoca desazón en uno mismo. No obstante, mientras la lástima es pasiva y distante, el problema ajeno detona la empatía, pero no la acción y todo queda en un sentimiento de tristeza por el ser que sufre por algo que no nos ha sucedido. La compasión, por el contrario, es reactiva, pues su sola existencia se valida en el deseo de aliviar ese dolor, para lo cual pueden tomarse medidas que van desde ofrecer a la persona unas palabras de apoyo, hasta limpiarle las heridas a un moribundo, incluso cuando éste haya intentado asesinarnos durante un altercado hace unos cuantos minutos, pues reconocemos en el sufrimiento ajeno nuestro dolor y lo compartimos de corazón.

Podemos sentir compasión sin estar frente a la persona que está sufriendo. Como ejemplo, te cuento sobre la llegada de mi hijo Francisco. Su papá adoptivo y yo supimos de su nacimiento y comenzamos el papeleo de adopción dos semanas antes de conocerlo. Sólo habíamos recibido tres fotos de él y una carpeta con información básica sobre sus padres biológicos, las familias de éstos, así como sus historiales médicos. En esos documentos se mencionaba que los padres biológicos eran jóvenes, de 20 y 21 años, ambos militares, quienes se casaron seguramente al saber que estaban esperando un bebé. Para el alumbramiento, sin embargo, habían decidido dar a su hijo en adopción por considerar que eran muy jóvenes y su profesión no les permitiría cuidar adecuadamente del bebé. Ella había reportado haber subido 20 kilos durante el embarazo.

Como era lógico, yo había estado anhelando el momento de abrazar a ese niñito. Decir que lo amé desde antes de saber que existía no es exageración. Fue un bebé deseado con toda mi alma y sabía que, una vez que llegara a nuestra familia, se convertiría en mi motor, mi prioridad y la razón más importante para mantenerme sana y viva. Lo que nunca esperé fue recibir a un bebé pequeño y bastante delgado. Estaba muy sano, era sólo que, para los 20 kilos reportados en el sobrepeso de su madre biológica, imaginaba que él se habría quedado con una buena parte. Abracé a Francisco, le di la bienvenida a nuestras vidas y agradecí a todos los que tuvieron que ver con que nuestros caminos se unieran.

Una vez solos, Francisco y yo, lo desvestí para besar sus manitas, piecitos y su pancita, le puse una pijamita hermosa que le quedó enorme y lo miré mientras dormía sumamente confiado. Entonces me invadió un sentimiento de profunda compasión. Sentí un hueco enorme en el corazón porque Francisco no tuvo una mamá que lo recibiera como él merecía. No me refiero sólo a que su mamá biológica lo dio en adopción, sino que yo no supe de su existencia por seis días. Seis larguísimos días, con sus noches, en los que ese hermosísimo bebé no tenía quien lo amara y protegiera. Debo aclarar que, durante ese tiempo, él fue cuidado por una señora cariñosa que, si bien no conocí, nos hizo favor de tomarle fotos y escribir en un álbum algunas frases que sirvieran de memorias. Así supe que Francisco dormía de día y mantenía a todos en esa casa despiertos durante la noche o que fue a ver una película de dibujos animados a los dos días de nacido, acompañando a los hijos de su cuidadora. Pero, en ese lapso, ese bebé estuvo en un abismo emocional. Al verlo en mis brazos dormido, sentir su fragilidad, pensé en tantos peligros que acechan a un ser tan inofensivo como es un recién nacido; aquello me hizo estremecer como nunca antes. Entendí que mi misión era quererlo por su madre biológica y por mí, cuidarlo y protegerlo por ambas. La compasión, en ese momento, alcanzó a esa joven de 20 añitos, a su cuerpo con muestras del fantasma de su embarazo y sus brazos vacíos. Pensé, con el corazón dolorido, en su difícil despertar que la llevó a darse cuenta de que no había marcha atrás, también en la incómoda posición de explicarle al mundo que había renunciado a su bebé. Sentí su tristeza en mi alma, con una amargura inesperada en un momento tan dulce en mi vida. Era un comienzo luminoso para nosotros que marcaba el desenlace oscuro de ellos. No pude abrazarla, me era imposible consolarla. Más adelante le escribí algunas cartas acompañadas de fotos para dejarla tranquila y que supiera lo amado que era su pequeño, nuestro hijo. Hasta que un día las cartas empezaron a regresar con un sello donde se advertía que la casa de adopción ya no existía más. No ha quedado más que cumplir cabalmente mi promesa de querer —por ella y por mí— a ese niño (hoy joven) que, gracias a ella, es mi vida entera. Le he escrito unas cuantas cartas, que subí a mi blog (LucyLara.com), por la inmensa necesidad de compartir con el Universo lo que no he logrado comunicarle con palabras, sentimientos y profundo agradecimiento. El punto es que, al sentir compasión por mi hijo, intenté borrar, en lo posible, esos seis días en que no tuvo familia y duplicar mi amor el resto de su vida. Respecto a su mamá biológica hubo que confiar en que mi entrega y dedicación a Francisco serían un bálsamo de consuelo para su gran pérdida y que su dolor se fuera diluyendo con el gozo al tenerlo en nuestra familia.

El Buda de la Compasión es Chenrezig (en tibetano) o Avalokiteshvara (en sánscrito) y está representado por un ser que tiene mil brazos para ayudar, aunque generalmente en sus imágenes sólo vemos cuatro de ellos. Hay también un mantra, *Om Mani Padme Hum*, que para los budistas es el "rey de los mantras". Su importancia radica en que en nuestro mundo lo que más existe es el sufrimiento y podemos recitarlo diario con la intención de aliviar el dolor, propio y ajeno.

Ego

El ego, según la Real Academia Española, se refiere a un exceso de autoestima. Muchos psicólogos respingarían al leer esto, pues el amor propio no debería ser nunca dañino. Otros asegurarían que el ego descomunal de una persona está colgado con alfileres y le confiere una fachada de seguridad que oculta a una persona con autoestima baja, temerosa de ser descubierta en su debilidad y que ha encontrado que hacer alarde de su poder económico, su estupendo físico o su talento en determinada área compensan lo que ella carece. "El ego es una falsa creencia mental de que yo merezco todo por encima de ti", asegura Marcela, mi amiga budista. El ego es siempre mal consejero, pues afirma que la felicidad se encuentra en lo externo: en aquello que compras, en cómo compites, en si ganas mucho dinero o al hacerte creer que mereces lo mejor por encima de todos. "Por eso, el cultivo de la compasión es de vital importancia porque me miro y te miro... De esta manera gradualmente reduciré al capataz interno".

Shetty coincide y nos invita a que no confundamos el ego superdesarrollado con una autoestima saludable:

- El ego desea que le caigas bien a todo el mundo y la autoestima no tiene ningún problema si no es así.
- El ego piensa que lo sabe todo y la autoestima piensa que puede aprender de cualquiera.

- El ego quiere demostrar lo que vale y la autoestima quiere expresarse.
- El ego teme lo que la gente dirá, la autoestima filtra lo que la gente dice.
- El ego se compara con los demás, la autoestima se compara consigo misma.
- El ego quiere demostrar lo que vale, la autoestima quiere ser ella misma.
- El ego lo quiere todo, la autoestima puede aprender de cualquiera.
- El ego finge ser fuerte, a la autoestima no le importa ser vulnerable.
- El ego quiere que la gente lo respete, la autoestima se respeta a sí misma y a los demás.

El ego suele vivir para los demás, poner al *Puppet Master* por encima de sí mismo una y otra vez. Pero al final el hambre de ser más y mejor, tratando de alcanzar la perfección, es como cuando un perro persigue su cola. Ya lo decía Albert Einstein: "Una vida modesta y tranquila trae más felicidad que la persecución del éxito combinada con una constante inquietud".

El verdadero problema del ego consiste en que él cree ser el centro de su universo y que los demás también lo consideran así, lo cual provoca ansiedad social. Nada podría estar más alejado de la realidad: aun cuando quienes nos rodean tuvieran un especial interés en nosotros, bueno o malo, nos sorprendería el escaso tiempo que nos dedican con su pensamiento o sus acciones.

Soltar y confiar

Cuando uno se siente estancado por dudas, confusión, miedo o baja autoestima hay un anhelo de cambio, pero algo te remite al pasado, a pesar de que lo que menos quisieras sería revisitar las heridas. El camino más seguro hacia el atascamiento es repetir patrones autodestructivos o mirar hacia delante y hacia atrás, sin considerar el presente. Ya lo decía Lao-Tse: "Si estás deprimido, estás viviendo en el pasado; si estás ansioso, estás viviendo en el futuro; si estás en paz, estás viviendo en el presente".

Lo que no está en tu ámbito es imposible modificarlo. Pero, a cambio, hay muchísimas cosas que puedes transformar: tu relación de pareja, el nivel de tu colesterol dañino, el desperdicio de recursos en casa o la falta de ahorros en tu cuenta bancaria. También puedes dar un giro de 180 grados a tu carrera si perdiste la pasión por lo que haces. Eres capaz de estudiar para prepararte y hacer la diferencia en tu profesión. No esperes que nadie venga a imponerte qué cultivar en tu parcela cuando tienes las semillas en el bolsillo. Con el tiempo, ya verás que lo que sembraste tiene cosecha y lo que realmente te pertenece será tuyo.

La personalidad controladora, sin embargo, no quiere dejar de dirigir a todos a su alrededor, no es suficiente con estar a cargo de hasta el último detalle de cada cosa en casa, en la oficina y en el auto, también quiere intervenir en el de su pareja, sus hijos y sus vecinos. Es momento de dejar el control a quien le corresponde y aprender a soltar y confiar.

Nunca como ahora, que mi hijo se ha unido al Cuerpo de Marines y sus próximos cuatro años le pertenecen, siento la gran pérdida de control. Una persona de acción, como soy, no acostumbra ver algo que le inquieta sin hacer algo al respecto. No obstante, ante la decisión de mi hijo, y honrando su propia sabiduría, he tenido que confiar en él y esperar que encuentre en esa carrera estímulo, pasión y sabiduría.

Zarpar, despedirte de los proyectos y las personas que ya no te sirven es también una señal de trabajar el buen partir. Eso incluye la renuncia, la transición profesional, la separación amorosa, el perdón y la retirada sin oponer resistencia (que no debe confundirse con el *ghosting*, que es la retirada cobarde).

En el yoga, después de hacer varias posturas desafiando la fuerza de gravedad, respirando profundamente y con la mente atenta al presente, llega el momento de hacer "la postura del muerto", Savasana, en la que te recuestas sobre el tapete y meditas como una señal de rendición. Solemos pensar en el acto de rendición como si fuera propio únicamente de los perdedores o cobardes, ignorando que ese tiempo, dentro y fuera de la práctica del yoga, sirve para alimentar de paz a la mente e inyectar una nueva energía al espíritu que te hará levantarte y ver el mundo con ojos frescos. Así como la pausa, un recreo o una vacación es saludable para el trabajo o el estudio, rendirse y soltar te dará frutos insospechados. ¡Fuera control!

El presente

El único momento en que podemos sentir la vida es el presente.
THICH NHAT HANH

La prueba irrefutable de que estaba en el tiempo incorrecto era la posición de mi cuerpo durante la sesión de yoga. Esta práctica consiste, entre otras cosas, en vivir el momento dejando atrás el pasado, olvidando las preocupaciones o inquietudes del futuro. Básicamente, recordando la importancia de la unión de cuerpo y alma a través de la respiración y el movimiento. No obstante, en plena flor de loto, todavía en la meditación de inicio, ya mi torso se inclinaba hacia delante. Nada notorio para los demás. Sin embargo me tomaba siempre por sorpresa sentir que algo me jalaba hacia el después o el antes, pero rara vez podía situarme en el ahora. Me preocupaban mi trabajo, mi hijo, la relación de pareja, los gastos, los viajes, la foto de portada, todo, menos mi bienestar en ese momento. No estaba centrada. Ése no era el denominador común en todas las cosas. No soy de hacer planes a largo plazo. Incluso me tensa coordinar las vacaciones futuras o hacer un compromiso varias semanas antes de algún evento. De hecho, suelo ser bastante improvisada, y eso resulta costoso y no muy eficiente, pues los boletos de avión, las reservaciones en hoteles y ese tipo de asuntos son cada vez más caros y las elecciones se reducen considerablemente.

Creo que todo se inició cuando empecé a trabajar en la industria de la moda. Primero, como diseñadora, había que estar siempre adelante: lo que se vende en las tiendas lleva meses de trabajo bajo un proceso de creación y producción. De manera que todo el tiempo estás concibiendo las prendas que se venderán tres o seis meses después, mientras supervisas las muestras de lo que diseñaste hace meses y estás pendiente de los resultados de lo que está ya en el almacén para asegurarte de que se distribuya correctamente. Con las revistas no es diferente: el día de la junta editorial se determina el contenido de la revista siguiente, que saldrá a la venta en cosa de un mes o dos, pero sigues trabajando en la que estás a punto de entregar a imprenta y estás pendiente de cómo ha reaccionado el público, en cuestión de compras o de participación como audiencia digital, a la revista que ya está en circulación. El punto es que tienes un pie en cada tiempo, de manera que estás viviendo la Navidad en octubre y cuando llega Nochebuena para ti es como experimentar un *déjà vu*. Siendo siempre tan optimista, suelo creer que tengo dos oportunidades de gozar el mismo momento, pero, con sinceridad, el tiempo adquiere una dimensión extraña y, lejos de concretarse día a día, se diluye entre tanta confusión.

De cualquier modo, la enseñanza del yoga, que es vivir en el presente, resulta una meta constante cuando estoy en mi tiempo libre. De ahí que me cueste tanto trabajo interrumpir una experiencia para grabar material para mis redes o que me sienta incómoda cuando mis compañeros, en una cena, estén más entregados a su celular que a nuestra conversación. *The good old days are now* ("Los viejos buenos tiempos son ahora") es una frase que leí repetidamente en Instagram cuando la gente se refería a lo bien que nos la pasábamos antes de la pandemia sin reconocerlo. Esa expresión era una llamada de atención al poco aprecio que tenemos del presente. Más aún cuando lo que la gente quiere es mostrar dónde está y lo feliz que se siente, sin permitirse el placer de vivirlo.

"Adicción es cualquier patrón de comportamiento en el cual no soportas estar contigo mismo por los incómodos pensamientos y, aún más importante, por las emociones que te provoca estar contigo, así que puedes ser adicto a casi todo mientras te mantenga alejado de ti mismo", dice Botton. Por un lado, esto es un desastre para disfrutar el momento o estar con alguien más porque es imposible gozar solo o en compañía si no te toleras, no te conoces y prefieres evadirte, ya sea en las redes sociales de alguien más o comprando, bebiendo, jugando, drogándote o teniendo sexo como adicción.

Por otro lado, hemos desplegado una vida paralela en las redes sociales, en la que los *likes* de los demás son más importantes que pasarla bien. Sustituimos la convivencia personal para escribir *posts* interminables sobre nuestros dramas, con el afán de que los seguidores nos levanten el ánimo con corazones, caritas tristes o nos manden mensajes de aliento. Gente que ni nos conoce, personas que no vemos en años, compañeros del pasado que eran unos patanes y hoy forman parte del grupo de Facebook. ¿Dónde están nuestros hermanos o amigos? ¿En qué momento perdimos la frontera de la intimidad? Lo peor de todo es que, por más que contemos con miles de seguidores, estamos más solos que nunca. No hay manera de conectar con nosotros o alguien afuera si no ponemos el tiempo presente a funcionar. Una mirada, un sentimiento, una copa de vino o un intercambio de ideas pueden sumar plenitud y hacer que el momento adquiera una dimensión real sin dispositivos digitales ni *likes*.

Deja de estar viviendo por el "algún día" y empieza a vivir el ahora. Los buenos tiempos son como los buenos amigos: cosa del presente, y los momentos felices hay que buscarlos, pues los malos llegan sin ser invitados. Lo que fue no tiene remedio, lo que vendrá no podemos adivinarlo y no vale la pena sufrirlo de una vez. Nos queda el hoy, el aquí y el ahora. "El hombre se autodetermina", dice Frankl, "decide lo que será su existencia, lo que será de él en el siguiente instante. Con esa misma perspectiva cada ser humano puede cambiar en cada instante". Es decir, cómo se comporta cada quien en su presente depende de sus decisiones, no de las condiciones externas.

Alguna vez alguien me dijo que lo más lindo era la expectativa del beso, cuando la pareja sabe que va a suceder, pero acercan sus labios como si fuera la primera vez. Sin duda, la magia que lleva imaginar cómo será la consumación de un sueño tiene su encanto, pero la verdadera comunión está en el acto mismo: un beso, un abrazo, una mirada cómplice o una palabra que sane tu alma. Ya tendrás tiempo para recordarlo, para atesorar esa memoria, pero, si no la vives en el momento, de poco servirá que te regodees de haber estado ahí sólo de cuerpo presente.

Mira hoy a sus ojos, besa hoy esos labios y date el regalo de disfrutar a quien tanto quieres en tiempo presente. Ejercitemos la presencia con todos nuestros sentidos. ¿Te apetece un abrazo? "Para practicar la meditación del abrazo has de respirar de manera consciente tres veces y formar después un loto con las palmas de las manos. La otra persona también debe prepararse haciendo lo mismo", comparte el monje zen Thich Nhat Hanh. "Y cuando estreches entre tus brazos a la persona que amas, has de practicar profundamente: 'Al inhalar, sé que está viva entre mis brazos; al exhalar, me alegro de ello'. Hazlo tres veces, de ese modo tú estarás realmente presente y la otra persona también".

Vacío vs. amontonamiento

Si alguna vez has visto fotografías o visitado una casa o jardín estilo japonés, estarás de acuerdo en que hay un común denominador: la simplicidad. Incluso el *ikebana*, también conocido como *kadō* (tipo de arreglo floral tradicional), tiene que ver con la belleza de lo minimalista, que no le pide nada a la estética barroca o convencional que vemos en Occidente, pero lleva toda una filosofía detrás. En la composición del *ikebana*, el espacio es un componente esencial y puede convertirse en el punto focal del arreglo floral, pues es una energía visual que le da vida. No se trata de hacer un alarde de colores o tipos de flores, sino de apreciar la forma creada para notar la interacción de las partes que incluyen el famoso *ma*, frecuentemente descrito como el espacio negativo (concepto que, según la Real Academia Española, implica la ausencia o inexistencia de algo), pues suele tratarse del entorno despojado de elementos que rodean a la composición orgánica. En otras palabras, el arreglo es encantadoramente simple y se coloca con mucho espacio libre alrededor, pero no porque haya escasez, sino porque sólo así puede contemplarse como merece.

Cuando se trata de arquitectura japonesa, el diseño se hace intencionalmente para albergar espacios vacíos como una energía llena de posibilidades. Una casa de té tradicional, por ejemplo, se distingue por la carencia de ornamentos que distraigan de la ceremonia que tendrá lugar, así como por los asistentes que disfrutarán de la milenaria experiencia. Las residencias de igual manera son minimalistas y provocan que el vacío sea ocupado con la vida que se lleve a cabo ahí. Los muebles se eligen con gran atención para que ocupen un espacio preciso y precioso, pues cada uno tiene un papel funcional importante, incluyendo su belleza. De esa manera, lo que da la sensación de ser un espacio abierto y despojado de objetos, tiene la función de liberar la tensión y, a cambio, llenarnos con su vacío.

Pero considerar al vacío como la falta de elementos traiciona completamente el concepto de *ma*. Si bien artísticamente se le adjudica la traducción de espacio negativo, que también es aplicable, su cualidad es que alberga todas las posibilidades.

Mateo Pizarro, conocido por sus detallados dibujos miniatura elaborados con lápiz, en una entrevista que le hice para *Harper's Bazaar*, en 2020, dice respecto a cómo enfrenta el comienzo de una obra: "El papel en blanco tiene su dificultad, ya que es una especie de equilibrio perfecto. Un vacío sí, pero contiene todas las imágenes posibles", afirma el artista colombiano. "Al marcarlo, uno no sólo rompe el equilibrio visual del vacío, sino que, con cada trazo, reduce las posibles imágenes que podría llegar a ser". El punto en el que este virtuoso dibujante levanta el lápiz para concluir su trabajo resulta enigmático, por lo que le pregunté cuándo puede darlo por terminado. "He aprendido a dejar de dibujar cuando la imagen me lo pide", reflexiona. "Estas construcciones de grafito generalmente están inmersas en un espacio negativo de papel en blanco, precisamente porque en ese vacío el espectador puede proyectar lo que quiera y completar la obra. En ese sentido la pieza nunca será del todo terminada, siempre espera al siguiente espectador que la complete".

En su vida, los japoneses también consideran la relevancia del *ma* como la necesidad del ser humano de identificarse con un propósito. Es propiamente el origen que, en principio vacío, cada persona irá llenando con sentido. Pero tanto en la vida como en la estética es indispensable tomarse el tiempo para pensar la perspectiva. Por eso, en lugar de distraernos con las múltiples cosas o problemas, debemos llenar nuestra vida con el poder que tenemos para encontrar y encarnar nuestro propósito. Pensar en agradar a los demás, cumplir las expectativas ajenas, en lugar de las propias, es el camino más seguro para desviarnos de conseguir nuestro fin. Debemos considerar que lo que hemos hecho hasta ahora con nuestra vida tiene todavía mucho espacio negativo que completar, para encontrarnos a nosotros mismos. Clarifiquemos nuestras prioridades y eliminemos todo ese amontonamiento de reglas, exigencias y prejuicios que nos han encarcelado, que nos han impedido ver las posibilidades del tiempo futuro. Viajemos más ligeros hasta el destino que hemos trazado.

El perdón

*Perdón es renunciar a la esperanza
de que el pasado pudo ser diferente.*
Oprah Winfrey

Perdonar que alguien te haga *ghosting* o que cometa abuso moral de algún tipo puede parecer difícil, pero no me quiero imaginar el proceso de perdón que tiene que transitar una madre a quien le asesinaron a su hijo o los sobrevivientes de campos de concentración a quienes les quitaron todo: bienes, seguridad, hogar, familia y el derecho a vivir dignamente. Por eso siempre vuelvo al libro de Frankl que, a pesar de su brevedad, me resulta increíblemente conmovedor. Los horrores de los campos de concentración llevaron a este psiquiatra a buscar recursos en su interior para sobrevivir el hambre, el frío y la crueldad humana. Su relato visita la vida diaria de las barracas, las penurias de los cuerpos martirizados por la enfermedad y la inanición, así como la perspectiva de los que sobrevivieron en contraposición a los que no resistieron tanto sufrimiento. Al ser liberado, Frankl decidió escribir el libro que nos ha estremecido a cientos de miles de lectores, el título lo dice todo: *El hombre en busca de sentido*. ¿Cómo puede un individuo ver el sentido de algo tan aberrante y desalmado? ¿En qué cabeza cabe que alguien que fue torturado y llevado en más de una ocasión a encontrarse con la muerte salga de ahí fortalecido y listo para compartir sus hallazgos? ¿Cómo pudo Frankl perdonar la muerte de su joven esposa, la pérdida del manuscrito de la obra que tanto tiempo le había costado escribir, el haber sido expuesto a los peores maltratos y torturas?

El caso de Edith Eger, quien escribió el libro que en español fue titulado *La bailarina de Auschwitz*, pero cuyo nombre en inglés me parece más significativo: *The Choice*, también pasó por la tortura de varios cambios de concentración en los que vio caminar hacia la muerte a sus padres, pero nunca perdió la capacidad de, justamente, *elegir*. Ella, como muchos otros judíos, fue conducida con toda su familia hacia el mismísimo infierno nazi. Ahí, desde su primer día en el campo de exterminio más terrible de Polonia, esa joven fue sometida a las pruebas de resistencia más inverosímiles. No pienso arruinarte esta lectura, que vale mucho la pena. Me contentaré con dejarte aquí la frase que su madre le decía y que ella usó como una balsa que la salvaría en el mar de la crueldad: "Acuérdate de que nadie puede quitarte lo que has puesto en tu propia mente".

Eger vivió para contar y compartir su entrañable historia. La lección que nos dio tiene que ver con que los perversos enemigos pueden quitarte todo: hogar, seguridad, familia, sustento y salud, pero la víctima tiene un tesoro que ninguna tortura puede arrancarle. Se trata de su elección: en cualquier circunstancia, por dolorosa o extrema que ésta sea, "siempre puedes elegir cómo reaccionar". Es decir, puedes entregar tu poder hasta cierto punto, pero nadie puede elegir tu actitud, tu camino y lo que vas a hacer con esa vivencia. Puede que tú o yo nos hubiéramos vueltos locos en su lugar, pero esta muchacha jamás permitió a sus captores que quebraran su voluntad. "He sobrevivido hoy, mañana seré libre", se decía para darse valor y seguir adelante.

Sarah Montana tenía 22 años cuando un amigo de su hermano entró a robar a su casa. Por desgracia, el hermano de Sarah estaba en la sala y el ladrón entró en pánico y lo mató antes de salir huyendo. Después, aquel chico se dio cuenta de que había olvidado su abrigo en la escena del crimen y regresó por él; desafortunadamente, la primera víctima no había estado sola y el ladrón, ya convertido en asesino, se encontró con la madre del occiso y también la asesinó. En una charla Ted Talk llamada *Why Forgiveness is Worth it* (*Por qué vale la pena perdonar*), esta chica habla del suceso y de cómo vivió atada a ese joven de 17 años que desmembró a su familia y destrozó su sentido de seguridad a tiros. A través de siete largos y dolorosos años, Sarah llevó atado al asesino de su madre y su hermano: eran como un combo, las víctimas y el victimario. Ella sabía que el paso esperado era perdonarlo y, al no encontrar la forma de hacerlo, comprendió que no era tan importante el cómo sino el por qué hacerlo. Hasta ese momento notó que hay tres razones por las que una víctima perdona en automático:

- Piensa que perdonar la hace una mejor persona.
- Porque las víctimas se sienten presionadas por sus familiares, amigos y hasta por los medios de comunicación para que perdonen, como si hacerlo les permitiera seguir con su vida.
- Creen que perdonar es un atajo para sanar sin tener que pasar por el caos del proceso de sanación.

Esa tercia de razones suele ser suficiente para que la víctima crea o pretenda que ha perdonado. Sin embargo, no es una fórmula instantánea como el *Fake it until you make it* ("Finge hasta que se haga realidad"), según Montana. Está siempre el impulso de la venganza que termina atándote aún más al victimario. También hay dolor, ¡cuánto dolor!, y mucha rabia, que deben salir de una manera u otra porque sin soltarlos no existen las condiciones básicas para perdonar. Pero ¿cómo saber cuándo estás listo para perdonar? Ella afirma que lo sabes en el momento en que te parece demasiado costoso no hacerlo. Es como apostar por ti y dejar de "ser reducida a un acto". Ella optó por sacar al asesino de su corazón y, con ello, sacrificarse soltando también a su madre y a su hermano con estas palabras que escribió al asesino en una carta: "Lo que tú hiciste no está bien. Pero reconozco que tú eres más que eso. Ya no quiero que seamos cautivos de este hecho. Puedo curarme a mí y no necesito nada de ti". Y así, como por arte de magia, recuperó su vida.

Como ves, el perdón implica un acto de fortaleza. No hay manera de hacer un pase automático y curar las heridas. Las tienes que sentir, honrar, lamer y cuidar, hasta sanar. Hay dolor, duelo, impotencia y ganas de regresar el mal con la misma moneda. La terrible frase de "si hubiera...", que viene a atormentar a la víctima con posibilidades infinitas de otros escenarios que pudieron haber evitado el fatal hecho: si el hermano no se hubiera quedado dormido viendo la tele, si la mamá no hubiera visto el cadáver, si el ladrón hubiera entrado a la casa vacía del vecino. Pero el punto es que no hay marcha atrás y eso suele ponernos a cuestionar desde el valor de la vida e incluso, para quien es religioso, la justicia de Dios. El hecho es que, como versa el dicho: "Albergar un resentimiento es como tomarte un veneno y esperar a que la otra persona muera". El resentimiento aísla y, al final, lleva a la desconexión de quien lo lleva dentro.

No obstante, debemos tocar el tema del perdón a uno mismo, pues, en realidad, es una muestra de enorme autocompasión. Porque esta necesidad de soltar queda tan guardada, entre tanto sufrimiento que suele eludir nuestra atención y disfrazarse de sentimientos destructivos. Sue Klebold, la mamá de Dylan Klebold, uno de los jóvenes asesinos-suicidas que mataron a una maestra, a doce compañeros e hirieron a otros veintiún chicos en el suceso conocido como la Masacre de Columbine, en Colorado, Estados Unidos, habla indirectamente de este tema en una Ted Talk titulada *My Son Was a Columbine*

Shooter. This Is My Story (*Mi hijo fue un tirador en Columbine y ésta es mi historia*). Su caso es complicado porque la sociedad la culpa por un terrible hecho que estuvo y estará siempre fuera de su ámbito. Se le ha acusado de ser mala madre, se le ha adjudicado la responsabilidad de haber criado a un asesino, de no haber notado sus instintos homicidas y de no haber descubierto el maléfico plan que llevaría a su hijo Dylan y al amigo de éste, Eric Harris, a disparar a más de treinta personas en el plantel de su preparatoria, consumando la primera masacre escolar en el país del norte. Esta pobre mujer tuvo que sufrir no sólo la canallada de su hijo, sino también su suicidio y el estigma de haber traído al mundo a un monstruo. Padeció cáncer de mama un par de años después de la balacera y más adelante tuvo que internarse en el hospital con problemas mentales. Sue, en concreto, tenía una labor titánica para un ser humano: perdonar a su hijo y perdonarse a sí misma. Algunas personas que hemos sido padres de un adolescente podremos empatizar con ella, pues resulta muy difícil entablar una conversación en la que ellos no contesten de mal humor o con monosílabos. Intuir o adivinar no es sinónimo de amar. Ella, como toda madre, adoraba a su hijo y deseaba que fuera un hombre de bien. ¿Podemos objetarle que no haya podido leerle el pensamiento? ¿Cuántas madres han tenido que sufrir el suicidio de sus hijos?, ¿acaso se les recrimina que no hayan tenido ni una corazonada? Tristemente, es probable que sí, en más de una ocasión y de muy diferentes maneras. No obstante, si fuera tan fácil detectar o darle valor a la intuición, quizá habría menos suicidios y, según las estadísticas que en su charla ofrece la propia Sue, el suicidio es la segunda causa de muerte más común en los adolescentes.

Olivier Rousteing es un joven francés de 37 años, que desde el 2011 ocupa una posición privilegiada como director creativo de la casa de moda francesa Balmain. A partir de que tomó el mando de esa firma de alta moda, las ganancias se han incrementado de forma extraordinaria y la marca se ha convertido en sinónimo de estatus y *coolness*. Delgado, ejercitado, vestido como todo un *fashionista*, luciendo su cabeza perfecta con un pelo cortísimo, una hermosa piel oscura y sus labios carnosos, no sólo representa la diversidad de la industria, sino predica con el ejemplo incluyendo modelos de todas las razas en sus fabulosos desfiles. Rousteing, sin embargo, lleva un corazón herido, pues, al haber sido adoptado de bebé por unos padres caucásicos, ha cargado con el inmenso lastre del abandono. En el documental *Olivier Rousteing, el huérfano prodigio* (*Wonder Boy*, 2019), el diseñador combina sus aclamados éxitos con la búsqueda de sus orígenes. Imagina a su madre con piel "muy oscura" y a su padre "blanco". Tiene hambre de saber de dónde viene y, lo más importante, por qué lo abandonaron al nacer. Agoniza al no encontrar referencias ni datos de sus progenitores y busca ayuda en la oficina estatal que tiene acceso a la información de su alumbramiento y de las circunstancias en que fue puesto en adopción. Finalmente, llega el día en que se abre el archivo y puede conocer algunos detalles de su concepción y nacimiento. Un solo rasgo parece unirlo a su madre: el hecho de que el parto tuvo que ser vía cesárea, en vista de que ella era extremadamente delgada, estrecha de huesos, como él.

Rousteing se aferra a ese solitario detalle como si fuera la única cuerda que lo llevara, por el laberinto de su adopción, hasta el regazo de su mamá. El resto de la información es escasa y dolorosa, especialmente porque deja infinidad de cabos sueltos. Un dato contundente, sin embargo, está declarado en blanco y negro: la madre escribió, con puño y letra, que no quería atarse a ese bebé y que no deseaba conocerlo.

El diseñador, una de las más famosas, creativas y jóvenes estrellas de la moda, curiosamente no registra ese hecho en el documental y asegura que su madre no lo vio porque estaba anestesiada debido a la cesárea y, mientras dormía, se lo llevaron. El dolor de aceptar que el abandono fue contundente resultaba demasiado para su frágil esperanza de poder recobrar ese amor que le arrancaron desde antes de nacer. Ante la posibilidad de que el Estado contacte a su madre para preguntarle si Rousteing pudiera conocerla, la trabajadora social propone al joven que redacte una carta de presentación. Él escribe:

> Pasé 32 años buscándote. Fueron 32 años de dudas, pero también 32 años de felicidad. Fueron 32 años de preguntas. Fueron 32 años de amor, de soledad, de preocupación... Tengo padres que me consolaron y me secaron las lágrimas, escucharon mis primeras risas, vieron mis primeros pasos y sintieron mi dolor. Pero, aun con todo esto, me convertí en un adulto lleno de dudas, con temores inexplicables y sólo usted puede ayudarme.

Conozco demasiado bien esa zozobra. Esa herida que no se colma con todo el amor, cuidado y empatía que los padres adoptivos podemos darles. Para mi hijo, como para Rousteing, apreciar la suerte de haber llegado a una familia en la que fue deseado, arropado, contenido y amado profundamente no puede nublar la terrible sensación de haber sido abandonado. Hay lapsos de gran melancolía, hay tantas preguntas sin respuesta, tantas lágrimas y demasiado pesar. No es falta de agradecimiento o reciprocidad de todo lo que nosotros, los papás adoptivos, hemos dado desinteresada y amorosamente. Es, simplemente, que ellos quieren saber quiénes son, de dónde vienen, a quién se parecen, por qué tienen cierto rasgo de carácter. ¿Se amaban sus padres?, ¿tienen hermanos biológicos?, ¿qué condiciones provocaron un hecho tan contundente e irreversible como abandonar un bebé el día de su nacimiento?

Esta historia la comparte mi hijo Francisco con Rousteing. Supimos de él a los seis días de haber llegado al mundo; con el feliz anuncio de que había nacido, él llegó a nuestra casa dos semanas después. Franz, como le llamamos cariñosamente, todavía tenía el extremo del cordón umbilical en el ombligo, la última atadura física a su progenitora. Es desgarrador ver sufrir a un hijo y más aún cuando nuestro amor parece diluirse entre sus heridas. Pero la única manera que conozco de auxiliarle es ayudarlo a contactar a sus padres biológicos. Los necesita para verse en ellos, para pertenecer a su origen y también, por qué no, para perdonarlos. No ha habido terapia ni apapacho que sustituya la profunda necesidad de escuchar sus razones, sumirse en el abatimiento con ellos y renacer con su ayuda en el perdón.

El *kintsugi* es una técnica centenaria originada en Japón que consiste en reparar con polvo de oro las piezas de cerámica rotas. Esto puede convertirse en una gran filosofía de vida. Se dice que hace aproximadamente cinco siglos, el señor feudal Ashikaga Yoshimasa envió a China un cuenco roto de cerámica que usaba para la ceremonia del té. Sin embargo, la burda reparación que hicieron no lo dejó satisfecho y decidió recurrir a la destreza de un artesano local, quien tuvo una estupenda idea: encajar los fragmentos para dar forma de nuevo al cuenco, uniendo las piezas con barniz espolvoreado con polvo de oro, lo que, lejos de ocultar las cicatrices de la quebradura, las evidenciaba y, con ello, dio a luz al *kintsugi*. La nueva noción estética evocaba el desgaste de los objetos a través del tiempo y su uso, la facultad de reinventar una pieza como lo hace una persona cuando se ha quebrado y logra recuperarse, así como el valor de la imperfección en las relaciones interpersonales, el sinuoso trayecto laboral o incluso el doloroso crecimiento personal. La también llamada "carpintería de oro" no es más que una hermosa metáfora sobre un corazón roto o la autoestima fragmentada y su capacidad de resiliencia que, lejos de desaparecer las grietas del aprendizaje, las muestra como las heridas de guerra que nos hacen mejores seres humanos. El arte y la filosofía inmersa en el *kintsugi* nos permite apreciar esas imperfecciones y aceptarlas como parte de nuestro poder.

La única manera de pegar nuestros pedazos es resanando el daño, y el perdón resulta ser la mezcla perfecta de amor propio y liberación que se pinta de oro para volver a darle forma y utilidad al corazón. Es preciso conservar la esperanza de que incluso los trozos faltantes pueden restablecerse con tiempo y dedicación, uniéndose con el pegamento del perdón.

Agradecer

Vivir en la escasez es sucumbir a la pobreza de espíritu. En un panorama así todo se ve pardo, nada florece y resulta imposible valorar tus bendiciones. Estar vivo, por ejemplo, ha quedado más claro que nunca después de la pandemia, es un verdadero privilegio, casi una segunda oportunidad para recapacitar sobre lo que hicimos, dar vuelta en U, seguir derecho o dar un vuelco a nuestro destino para cambiar la perspectiva y buscar la verdadera felicidad.

Ser agradecido, por el contrario, parece un manantial ilimitado que, lejos de contar singularmente las cosas que nos han beneficiado, como el lugar en el que nacimos, los padres que nos proporcionaron protección, sustento y educación, salud mental y física, etcétera, parece multiplicarlas. Me explico: la persona que es capaz de notar algo bueno en su vida y agradecerlo activa un sistema de recompensa en el cerebro, liberando el neurotransmisor llamado dopamina, que es responsable de conferir una grata sensación de placer. En este virtuoso proceso, además, se libera la hormona conocida como oxitocina, que estimula la confianza, la tranquilidad, el altruismo, la generosidad, la empatía, la compasión, la habilidad de formar vínculos con otras personas y, desde luego, el enamoramiento. Sucede que al estar agradecido todo se vuelve más positivo y, por lo tanto, hay un sinnúmero de razones para seguir agradeciendo.

Lo anterior no es más que una gran señal de salud mental y abundancia emocional. Un entorno en el que, en lugar de administrar pobreza, se respira y vive una riqueza paradisiaca. Es más, el que agradece pocas veces lo hace por algo relacionado con el dinero, pues aprecia actos y hechos relevantes de la vida: el nacimiento de un bebé, el canto de un pájaro, la carta de un amigo o conmoverse con un libro, lo cual se convierte en un hábito y cada vez se encuentran más razones para reconocer la abundancia de cosas maravillosas y agradecer hasta el infinito.

Tan positivo es el acto de agradecimiento que la autoestima se robustece, mientras el miedo, la angustia y el estrés disminuyen considerablemente. Es como si se iluminaran únicamente las zonas del cerebro que generan sensaciones y pensamientos positivos, desconectando la inseguridad, la envidia, el resentimiento o la ira.

¿Por qué desperdiciar un don que tienes, quizá un poco empolvado, y que al practicarlo te llevará a ser el más rico del mundo? Recuerda que es absolutamente gratis y trae consigo un cúmulo de placer. Si quieres iniciarte en esta práctica, comienza un diario de gratitud, en el que cada noche o cada mañana escribas algunas razones para estar agradecido. Yo, por ejemplo, antes de levantarme pienso en las mías: mi salud, que tengo un hogar seguro, el bienestar y el amor de mi hijo, el inmenso valor de mi familia, amigos y colaboradores, así como la pasión por mi trabajo.

Energía

La energía es vital para todos los seres vivos. Sin embargo, no podemos ignorar que pocas veces consideramos que es tan indispensable como el aire, el agua o el alimento. Simplemente rige nuestra vida y creo que es lo único que subsiste cuando ésta termina. El dicho: "Tan poco amor y desperdiciarlo en celos" justamente habla de este sentimiento como una energía. Las mariposas en el estómago lo son, lo mismo que la sensación de tener el corazón partido.

Hace poco mi amiga Marisol me contó que se separó de Bernardo (no uso los nombres reales). Desde que se conocieron, él fue muy sincero con ella al confesarle que tenía miedo de enamorarse y sufrir al hacerlo. Ese temor lo hizo ser precavido y medir muy bien lo que le daba: con tal de no sentirse vulnerable o involucrarse demasiado, no se mostraba afectuoso y mantenía siempre una distancia. Marisol externó varias veces que deseaba mucho más afecto físico, que le dijera cosas bonitas y se comportara no como un amigo, sino como un amoroso amante. No obstante, pasados unos meses, ella comenzó a emular el comportamiento de él, como espejeando su actitud y terminó por comprender que ese camino no los había acercado, sino todo lo contrario: los había convertido en la sombra de quienes pudieron haber sido.

Así las cosas, mi amiga se vio en la desagradable necesidad de pedirle que se separaran y buscaran, en un futuro, la posibilidad de ser amigos. En el momento en que Bernardo supo de la decisión de Marisol pareció como si le acabara de caer un balde de agua fría. Desconcertado, admitió que su gran temor se había hecho realidad y que había desgastado tanta energía para protegerse que olvidó alimentar la relación amorosa. A partir de la separación, Bernardo se convenció de estar profundamente enamorado y pidió varias veces la oportunidad de demostrar que podía convertirse en el hombre que ella esperaba. Tristemente, ya era demasiado tarde, tanta armadura que construyeron ambos no fue suficiente para evitarle el dolor de la separación y de haber desperdiciado una oportunidad que pudo cumplir su genuino sueño compartido de encontrar pareja.

El anterior es un desafortunado ejemplo de la energía mal encaminada de dos personas con las mejores intenciones. Entre ellos había todo para que la llama encendiera, aunque se encargaron de apagar, de tajo, todo lo que se le parecía al fuego con tal de evitar un incendio desmedido. En su mencionado libro, *Atlas of the Heart,* Brené Brown dice: "Tratar de superar y ser más astuto que la vulnerabilidad y el dolor es elegir una vida definida por el sufrimiento y la extenuación".

Hablando de otras emociones, Brown especifica que si la envidia es un sentimiento entre dos personas (uno desea lo que otro posee), los celos son una ecuación entre tres personas, en el que una teme perder lo que tiene con la otra por culpa de una tercera. En ambos sentimientos, sin embargo, la energía es negativa y, en casos extremos, incluso mortal. El amor verdadero, por otro lado, es resultado de una energía luminosa que despierta lo mejor en nosotros y hace germinar un abanico de sentimientos que lo sustentan: confianza, ternura, compasión, alegría, empatía, etcétera. La felicidad, en un estado de conciencia, emana de estar en el lugar correcto con el entorno adecuado para verdaderamente *ser*. La felicidad no es, por lo tanto, el resultado de algo como comprar un coche, sino la razón por la que ese objeto o evento sucedió: la boda, el nacimiento de un bebé o el puesto deseado.

Hay otros deudores de energía como el estrés, que, si bien hemos aprendido a vivir con él, nos mantiene con la sensación de que no somos suficientes y que será humanamente imposible funcionar adecuadamente o cumplir con las metas establecidas. Igual sucede con la adicción a ser aprobado, que nos mantiene con la ansiedad constante de no pertenecer o agradar, y nos hace olvidar que nuestra energía debe encaminarse a ser nosotros mismos con toda integridad.

Para los que dicen leer el aura, la energía se presenta por colores, pero para las personas comunes, como yo, *vibra*. De ahí que podamos detectar cuando alguien entra a nuestro espacio y ensombrece lo que sentimos. Para colmo, la energía suele ser muy contagiosa: una persona positiva puede tornarse negativa y vibrar por los suelos si no se protege, intoxicándose con la vibra de los demás.

En mi relato sobre los fantasmas te contaba cómo abrí compuertas energéticas desconocidas y estoy segura de que eso sucedió no por voluntad, sino por vulnerabilidad. Estaba con sentimientos negativos a flor de piel y mi vibración cayó junto con mi estado de ánimo. La mezcla de sentimientos de energía baja como el despecho, los celos, la envidia, la ira e incluso la desolación son el caldo de cultivo ideal para que malas personas y eventos desafortunados lleguen a ti.

Es importante, pues, valorar y capitalizar la energía. No debemos desperdiciarla, cederla, comprometerla o ignorarla, ya que puede cobrar un alto precio al llevarse nuestra capacidad de vivir en un mundo mejor lleno de buena vibra.

Tu espíritu

En la introducción de este volumen confieso que he pasado por inseguridades, enfermedades y muchos buenos y malos momentos, pero lo que ha persistido e influido en construir la persona que hoy escribe esto es mi espíritu.

Como tú, a veces dudo de mis decisiones, de mis sentimientos, de mis metas y de mi fuerza para sobrevivir las dificultades de la vida. No obstante, en mí se aloja una energía que reacciona como un resorte para ponerme de pie después de cada caída. Eso mismo pude observar en mi hermana, quien fue afectada por un padecimiento en el que sus defensas atacaban, malévolamente, su cuerpo, consumiendo sus músculos e inmovilizando cada uno de ellos. Recuerda que los pulmones, la faringe y el corazón son músculos, de manera que, si pierden su funcionalidad, la vida se esfuma. Pero la agonía en una enfermedad como ésta empieza paralizando al paciente y llega el primer *shock* al tener que aceptar que ya no puede moverse y que necesita ayuda externa para las actividades más primarias. Esto, puedo adivinar, sería la decadencia segura para otras personas, mas no para mi hermana, quien, lejos de darse por vencida, ha emprendido una batalla contra su condición física, ha recobrado movilidad gracias a la constante fisioterapia y no ha perdido la fuerza de espíritu que, hasta el día de hoy, lleva la bandera de la victoria.

La duda y el desaliento provocados por la gran avalancha de cambios en la industria de la moda, por ejemplo, han hecho que cuestione no sólo mi vigencia, sino mi relevancia en este campo. Pero ahí es donde mi espíritu aventurero dispersa mis inseguridades y me invita a poner el miedo en el asiento trasero para seguir explorando hasta dónde llega mi talento y capacidad de reinventarme. Con esa fuerza, que algunas veces se antoja como la llamita de un calentador en reposo y otras veces produce lenguas de fuego con toda pasión, es como he ido dando pasos adelante y uno que otro para atrás sin perder el amor por mi trabajo, especialmente por escribir. Pero, como todo, el espíritu que me impulsa necesita alimentarse, pues nada subsiste si se le ignora, maltrata o traiciona. De ahí que sea preciso fortalecerlo con alimento y estímulo: rodeándolo de información apetecible, contenido excitante, retos realistas y uno que otro descabellado. También hay que consentirlo dándole un masaje con distracción sana, como leer de vez en cuando una biografía en lugar de siempre investigar para escribir mis libros o incluso dejar descansar las labores pasando algunos días frente al mar, sin pensar en nada que no sea qué comer y cuándo alcanzará la temperatura adecuada un vino blanco.

Hay impulsos o corazonadas que funcionan como voces internas y te van guiando, llámalos intuición, la voz de la experiencia o el consejo de un ser supremo, pero no los eches en saco roto. Me sucedió cuando ya había montado una productora de televisión con mis amigos y, mientras pasaban los meses haciendo guiones y videos, notaba que crecía una frustración enorme. Había un sueño al que renuncié, años antes, al comprobar que no existían escuelas de moda y, al elegir la carrera de Comunicación, le di carpetazo para dedicarme a la segunda mejor alternativa: ser escritora para televisión. Hasta que un día, hablando con mi socio, pude articular lo que mi corazón me había estado diciendo: que estaba en la carrera equivocada. Al expresarlo volvió a despertar la chispa y se activó la pasión de mi espíritu que hoy sigue gozando de mi oficio cada día. A veces es la vida la que te va guiando y aunque quieras algo te lo aleja, y por más que evitas otra cosa te la sirve en charola de plata. Afina esa receptividad para fluir con el cauce que te genera la situación y no pongas resistencia cuando desconozcas el camino, todo lo que cruce por tu trayecto te traerá aprendizaje.

Demonios siempre existirán. A veces es ese personaje tóxico que te amarga las jornadas laborales con su mala vibra o sus pésimas intenciones, y otras eres tú misma quien se atormenta con pensamientos o acciones que te sabotean. No obstante, es tu espíritu el que va librando estas batallas y se va fortaleciendo. Tu voluntad es fuerte, pero también puede ser elástica. El punto es que quizá te tardes en lograr tus metas, pero lo harás con mayor conocimiento y un propósito más depurado. Reconoce esa fuerza interna, dale espacio en tu vida, así como en tus decisiones, y honra su presencia, pues cuando tú ya no existas en ese cuerpo, será tu espíritu lo que permanezca.

Conexión

Hay dos tipos de conexiones: una, interna, en la que te habitas cabalmente y sabes interpretar tus deseos, escuchar tus aflicciones, responder a tus necesidades y amarte por lo que eres; y otra, externa, que tiene que ver con conectar con los demás. Al escribir esto viene a mí la imagen de los dedos índice de Dios Padre y de Adán, un instante antes de tocarse, de la obra del pintor Miguel Ángel, fresco que adorna la Capilla Sixtina, en el Vaticano. Es esa sensación de pertenencia que nos hace ser parte de un todo, sentirnos apoyados, considerados, aceptados y aprobados.

Por mucho que nos esmeremos para sentirnos autosuficientes, el instinto de pertenencia existe por una razón primordial: somos seres sociales. Todos deseamos pertenecer, ser vistos, escuchados y amados. La realidad es que laboralmente es tan importante lo que sabes como a quién conoces. Pero también está el anhelo de conexión con el otro, en el que no sólo quiero sentirme aceptado, sino comulgando con los valores y principios de la persona o comunidad. Para ello, es indispensable tener claro que cualquier sensación de pertenencia que nos hace traicionarnos a nosotros mismos significa que, realmente, no somos parte de ese grupo. Se trata, entonces, de que haya una coherencia entre tu conexión interna y la que se produce con tu mundo externo, pues si eres infiel a tus principios, sólo te estás engañando a ti mismo y jamás pertenecerás.

Lo cierto es que cuando realmente pertenecemos no necesitamos cambiar quienes somos, sino ser genuinos. "Si la gente no sabe quiénes somos y lo que creemos o pensamos, realmente no existe la pertenencia", asegura Brown, quien comparte una frase fabulosa de su investigación respecto de la conexión: "Si puedo ser yo, pertenezco. Si tengo que ser como tú, encajo". Hay pistas que te hacen sentir que perteneces a tu ser amado, a tu comunidad o empresa, pero cuando realmente lo compruebas es cuando confirmas que puedes aportar algo relevante a tu pareja o al grupo, crecer con él, brillar ahí y, al mismo tiempo, promover que brillen con tu luz.

En el libro *What Happened to You?*, en coautoría con Oprah Winfrey, el doctor en psiquiatría Bruce D. Perry recuerda una visita a una comunidad aborigen en la que se vivía armónicamente sin rastros de las enfermedades psicológicas que plagan a la sociedad moderna. Ahí notó que la gente se reunía varias veces al día, no sólo para apoyarse en las variadas actividades de sostenimiento de su sociedad, sino para compartir alimentos y experiencias. Los adultos mayores, por ejemplo, tomaban el papel de guías y aliviaban a la comunidad. Al final de la visita, el doctor le preguntó a una anciana cuál era el secreto para que su gente gozara de una extraordinaria salud mental y ella contestó colocando una mano en el corazón de él: "Somos sanadores". Perry, al principio, se creyó incluido como parte del grupo sanador, pero al regresar y meditar sobre su experiencia, entendió lo que la anciana había intentado enseñarle: que la conexión entre seres humanos alivia, regula, contiene y brinda certeza al ser humano. Por eso, Brown asegura que sentir que conectamos nos hace más felices y nos capacita para soportar el estrés del día a día.

Cuando, por el contrario, te sientes desconectado, según el doctor Perry, hay una sensación de deshumanización que te hace sentir avergonzado, excluido o marginado —como yo en la primaria, donde me encontraba completamente desmoralizada—, con lo que se produce un estado de estrés que, al prolongarse, puede convertirse en trauma. Esto aplica también en una relación afectuosa, en la que quizá el desenlace culmine en una separación, no por falta de cariño, sino de conectividad. El bienestar de la conexión es como un chispazo que Brown describe como: "La energía que existe entre la gente cuando se siente vista, escuchada y valiosa, cuando puede dar y recibir sin juicios y cuando obtiene sustento y fuerza de la relación".

Para complicar un poco más las cosas, muchas veces, al sentirnos marginados, en lugar de buscar conexión o ayuda en otras personas, nos replegamos pretendiendo que no necesitamos a nadie, lo que nos lleva a sentirnos aislados. Ese paso a la soledad, que debemos distinguir del acto voluntario, muy frecuente entre los introvertidos, de querer estar solos, puede orillarnos a alejarnos aún más de nuestro deseo de ser parte fundamental de una comunidad, familia o relación amorosa.

Lo cierto es que nos da vergüenza sentirnos solos, lo que, según Brown, no es únicamente una condición triste, sino peligrosa. "Cuando nos sentimos aislados, desconectados y solos, tratamos de protegernos a nosotros mismos y nos ponemos en un 'modo de autoprotección'", sugiere la investigadora. Queremos conectar, pero nuestro cerebro está intentando anular la falta de conexión con autoprotección, lo que significa que nos mostramos menos empáticos, ofrecemos una actitud más defensiva y experimentamos un adormecimiento general de nuestros sentimientos. Se trata de un círculo vicioso, pues la soledad intensa es un combustible para la soledad continua al mantenernos con temor de pedir ayuda. Para combatir la dolorosa condición de soledad, de acuerdo con la experta, hay que identificarla y ver que la experiencia es una señal de alarma que no debemos desdeñar, pues ha sido causa de depresión, incrementa la posibilidad de muerte hasta en un 45% y es el detonador de algunos suicidios, en casos extremos. "La soledad está ahí para avisarnos que necesitamos conexión social", agrega Brown.

La vida en pareja, el círculo de amigos, la familia, el equipo de trabajo han sido creados para darnos compañía, pertenencia y cooperación que nos permita complementar nuestras debilidades con las fortalezas de los demás. No se trata de que tengas una gran cantidad de amigos o de colaboradores, sino lo que importa es la calidad de su conexión, es decir, qué tan genuino y cómodo te sientes cuando estás con ellos. Que te quede claro: estamos todos bajo las mismas estrellas, somos parte de un mismo Universo y tu presencia es tan relevante como la de cualquier otra persona que conecte contigo.

Metas

Ya he dicho que los pensamientos no son hechos, aunque parezcan tan reales que nos hagan creer que no tienen remedio. Hemos hablado de hacer afirmaciones, despejar algunas dudas, sobrepasar las oscuras etapas del desaliento. Si fueras un ingeniero de infantería, estarías al frente, muy por delante de la tropa, para levantar puentes y permitir el paso de los aliados, o para destruirlos e incapacitar al enemigo. De esa misma manera debes utilizar tu energía, recursos y experiencia para ir despejando tu ruta e irte direccionando hacia tus metas.

Está comprobado que el punto de vista que adoptes sobre ti mismo afectará tu vida y determina si llegarás o no a ser la persona que has imaginado, o si alcanzarás o no las metas que te has planteado. Si dices o piensas que eres pobre, no importa cuánto dinero tengas, eres pobre. De hecho, puedes no tener ni un centavo, pero ser abundante de la misma manera que eres capaz de cultivar las cualidades necesarias para construirte, a ti y a tu destino.

No todos los objetivos en la vida son laborales ni se espera que la abundancia se restrinja a la boyante economía. Tus aspiraciones pueden abarcar desde un área puramente espiritual, hasta la social o política a gran escala. Realmente los límites son los que tú mismo te impones. Por eso, siempre te invitaré a que te capacites más, que aprendas tanto como puedas, que mejores y afines tus habilidades, que alimentes tu talento y jamás envejezcas espiritualmente. Pero, cuidado, no hay que confundir los sueños con las metas. Los primeros son esos sanos deseos de superarte o sentirte más pleno; pero las segundas son objetivos concretos, como adquirir una propiedad en Nueva York antes de que pasen cinco años.

El doctor australiano Tim Sharp, mejor conocido como Dr. Happy, afirma que debes plantear tus metas tan específicas como positivas. Es decir, no hablar de hacer dieta para perder peso, sino de aligerar tu cuerpo para correr un maratón. El objetivo que te pusiste debe tener una manera de medirse: ¿cuántos kilos perderás o cuántos kilómetros correrás? Para ello sugiere que esas metas sean realizables, así que sé realista. Es indispensable que esos objetivos sean relevantes para ti, aunque no lo sean para los demás. Y, por último, ¿en cuánto tiempo propones conseguirlo? Ponle fecha a tu meta.

Hay una cosa que puede confundir cuando nos proponemos cumplir una meta, pero no estamos siendo propositivos, sino tratando de esquivar el problema. Esto ocurre cuando precisas en negativo: "No quiero quebrar con mi negocio", por ejemplo, lo cual constituye una meta preventiva que no te llevará al éxito. Ese mismo deseo puedes plantearlo en forma positiva: "Pretendo ganar diez millones el primer año con mi negocio", afirmándole así al Universo que tu objetivo es asequible.

El plan de acción para alcanzar cualquier meta personal o profesional debe considerar los valores de gran significado en tu vida, las prioridades en tu situación actual y las acciones que debes emprender. No olvides que no todo es trabajo o familia, también hay un rubro importantísimo por considerar: tu bienestar. Propongo que comiences con tres metas en cualquiera de los rubros importantes: trabajo, relaciones y bienestar, pero elige solamente una a la que vas a dedicarte de inmediato y que dividirás en micrometas. Por ejemplo, si deseas correr el maratón de Nueva York el próximo año, parte ese gran objetivo en etapas concretas. Piensa cuántas semanas caminarás, cuántas trotarás, cuándo empezarás a entrenarte en la carrera y en qué semana lograrás llegar a los kilómetros necesarios para concluir el maratón, pues una pequeña meta lograda pone en movimiento la siguiente etapa. Además, determina a quién le comunicarás tus planes, pues está comprobado que compartir tus objetivos es una estrategia fabulosa que incrementa la posibilidad de conseguir tus metas, lo mismo que poner por escrito exactamente cómo piensas proceder, ya que las personas solemos cumplir con lo que escribimos. Puedes hacerlo identificando lo siguiente en un documento:

- ¿Qué voy a hacer?
- ¿Cuándo lo haré?
- ¿En cuántas etapas?
- ¿A quién se lo comunicaré?
- ¿Cómo mediré mi éxito?

Muchas personas se sienten motivadas al hacer un *mood board* (tablero de inspiración) con la meta en la que se concentrarán. En él puedes colocar imágenes que te remitan a tu éxito, frases célebres, palabras clave, las etapas de tus micrometas y cualquier otra cosa que te haga vibrar cada día que veas ese muro de inspiración.

Las metas son poderosas, dan energía, suman seguridad y sentido del propósito. Pero lo más importante es que revelan tu progreso y lo que has logrado al concentrarte en lo que realmente te interesa mejorar en tu vida.

IV

Luz

La luz nos permite ver claramente. Representa lo pulcro, lo positivo y lo que resulta un gran alimento al espíritu. Para algunos orar, por ejemplo, es fomentar la luz y con el poder de la oración logran que esa luz trascienda los espacios y los tiempos para sanar a alguien a quien le desean paz, felicidad o salud. Hay quienes consideran que ayudar o proteger a los niños, a los ancianos, a los animales o al medio ambiente genera luz. Otros más lo consiguen a través de su arte. El punto aquí es alimentar la virtud de crear luz.

En cualquier momento que te encuentres en tu vida deseo que seas capaz de sentirte luminosa. Esto significa dar pequeños o grandes pasos para alejarte de la oscuridad, esa sombra que todos tenemos y que algunas veces domina negativamente tanto las relaciones personales como nuestra profesión. Incluso el más iluminado se encuentra, en ocasiones, con los retos que imponen el ego, el trauma, el miedo, el desaliento, la envidia, el ocio, la desconexión, la vergüenza, la inseguridad y la creencia de que no somos suficientes.

Afortunadamente, no existe oscuridad sin luz, porque, al ser opuestos, resultan como aquel lobo bueno o malo del cuento, lo que fomentes más, se fortalecerá. Si vas por la luz, verás cómo tu vida se iluminará.

Reinventarte

Cuando ya no somos capaces de cambiar una situación,
tenemos el desafío de cambiarnos a nosotros mismos.
VIKTOR E. FRANKL

Si pudieras reinventarte, ¿quién serías? Es imposible reinventarte desde la apatía o el conformismo. Pablo Neruda decía que la suerte es el pretexto de los fracasados, de manera que si te sientas a esperar a ganar la lotería o que alguien te ponga una oficina y te pase su lista de clientes, probablemente te quedes soñando despierto. ¿Te has resignado a recibir tu quincena, aunque odies lo que haces? Entonces así es probable que pases el resto de tus días. Pero hay veces que, aun en esos casos, la vida marca un alto. Es como si fueras en el camino y encontraras algo que te hace valorar otras posibilidades: puede tratarse de un obstáculo, como haber perdido tu empleo, una bifurcación que sucede cuando te llama un *head hunter* para ofrecerte otro trabajo o, bien, te das cuenta de que por la carretera que has transitado hay demasiados baches y prefieres parar y pavimentar tu propio destino. Todo esto implica que te hagas dueño de tu carrera, lo que traerá obligaciones y responsabilidades, pero finalmente dejarás de entregarle tu poder a alguien más (tu jefe, tu pareja, la situación de vida o tu salario fijo).

¿Entonces qué te detiene hoy? No todos estamos hechos para reinventarnos constantemente ni en cualquier momento. "Las personas curiosas aprenden más cosas, es casi algo matemático. Tienen una mente exploradora que las motiva a descubrir nuevos mundos", asegura el *coach* David Russ, autor del libro *Domando emociones*. "Un curioso es más propenso al cambio. Tiene una tolerancia a lo desconocido porque se siente atraído por las cosas que aún no sabe". Es cierto, las personas que amamos los cambios somos más aventuradas para encontrar un nuevo sesgo en nuestra vida o profesión. Eso impide que aquellos que prefieren la estabilidad y temen a lo desconocido puedan dar el salto. El requisito indispensable en ambos casos consiste en escucharnos atentamente, estar alertas a lo que aspira nuestro corazón. Si no es muy claro tu propio mensaje, te propongo hacer un diario en el que cada noche apuntes: cinco cosas que hiciste bien ese día y cinco cosas que gozaste en tu jornada laboral. Puede ser desde lo bien que te quedó el café, como un objetivo bien cumplido, hasta el placer que te dio negociar con tus clientes. Esto te llevará a descubrir lo que te agrada más que pasar horas haciendo presupuestos.

Pasadas unas semanas o meses, podrás ver aspectos constantes en tus aciertos y gustos, pues lo ideal para encontrar un sendero de gozo profesional es tener consciente tu *soft spot*, que es el punto donde convergen lo que naturalmente haces bien con lo que te gusta. Sin embargo, es fundamental conocerte lo suficiente como para estar claro en los que realmente te hace feliz, saber tus fortalezas, debilidades, diferencias o aversiones y, adicionalmente, tener la capacidad de apostar por ti, en lugar de todo lo que te presiona la sociedad.

Me explico: yo, por ejemplo, siempre tuve facilidad para escribir, pero cuando intenté hacerlo como guionista (que fue para lo que me gradué en la universidad) descubrí que los temas áridos que usualmente solicita el gobierno me hacían sentir totalmente empantanada, sin un ápice de creatividad. El día que una amiga me pidió que escribiera de moda fue como si alguien me diera permiso de poner el acelerador a mi carrera. Simplemente nadie me podía detener, pues había encontrado el matrimonio perfecto entre lo que amaba y lo que se me facilitaba hacer.

Para dar este paso no necesitas que la empresa fracase, te despidan o te divorcies. Esta transición puede hacerse mientras sigues temporalmente con tu labor o tu relación, pues reinventarte no significa necesariamente improvisar o empezar de cero. En mi vida cuento con varias reinvenciones; una de las primeras fue cuando reprobé cuarto año de primaria, pero le siguen varios cambios de carrera y de propósito, como en el momento en que opté por quedarme en casa a cuidar de mi hijo por cuatro años, renunciando a mi trabajo en *People en Español*. O cuando salí de la revista *Glamour*, por ejemplo, ya estaba contratada como profesora en la universidad, tenía un agente que me representaba para dar conferencias, había comenzado a trabajar en mi página de internet y estaba a nada de publicar mi tercer libro.

Jamás te diría que el temor está ausente en cada uno de estos pasos hacia el cambio, pero el mundo es de los arriesgados. "Para que la oportunidad se presente, debes estar en movimiento", dice la *coach* Pamela Mitchell en su audiolibro *Mastering the Skill of Reinvention* o, como yo lo diría: que la suerte te encuentre trabajando. No obstante, para que esa coyuntura se presente, "debes tener un plan", según Mitchell, quien menciona cinco importantes requisitos para dar el gran paso: decidir hacerlo, tener la mentalidad adecuada para combatir tus miedos e inseguridades, plantear una estrategia basada en tu misión y comunicarla a tu equipo, así como lanzarte y habilitar tus sueños. Riesgo hay, pero lo más probable es que, si notaste esa posibilidad, sea la adecuada para lo que tú puedes dar y el mundo necesita de ti. "La única seguridad que vale la pena cultivar es la que se encuentra dentro de nosotros mismos", considera Borja Vilaseca en su libro *Qué harías si no tuvieras miedo.* "De ahí que, con la práctica y el entrenamiento, el miedo empiece a venir acompañado de cierta ilusión, excitación y expectación", continúa asegurando que del otro lado del miedo nos esperan las mejores cosas de la vida, por lo que hay que irle "perdiendo el miedo al miedo". Medita y escribe una lista de lo que amas hacer, lo que haces bien y lo que el mundo necesita de ti. ¿Por qué te pagarían, te darían una oportunidad o te sumarían a su proyecto de vida?

Cuando regresé de vivir en Los Ángeles, después de mi divorcio, había perdido de nuevo mi trabajo y, con él, mi rumbo. Los socios que habían sido mis jefes en la fábrica de Los Ángeles me ofrecieron un puesto de supervisión y control de calidad de una producción de camisetas que estaban confeccionando en México. A todas luces no era mi trabajo ideal, pero era mejor que estar desempleada, así que me entrené y ejercí mis obligaciones. No era un trabajo creativo y carecía de *glamour*, pero era un comienzo para retomar mi vida. Después me ofrecieron regresar a una de las fábricas de ropa donde había diseñado con anterioridad y acepté encantada porque ahí podría volver a crear y practicar también lo que aprendí sobre diseño de aparadores en la escuela. Pero tampoco me sentí estimulada porque fue como regresar tres años atrás en mi carrera. En esa época una condiscípula de la universidad me propuso escribir unos artículos para ella sobre moda, y su generosa iniciativa de recomendarme con el editor de la revista *Vogue* fue lo que cambiaría mi vida. De no haber estado abierta a escribir en lugar de diseñar, jamás hubiese dado ese giro a mi profesión.

Parte del impedimento que se presenta cuando quieres reinventarte es no considerarte apto. Todos hemos estado muy ocupados simulando ser exitosos. Eso que los estadounidenses conocen como *effortless perfection* (perfección sin esfuerzo), que no es más que la presión de parecer una ganadora sin mayor esmero, lo hemos intentado especialmente las mujeres al tratar de ser hermosas, delgadas, sensuales, populares entre nuestras amistades, inteligentes, buenas madres e independientes económicamente. A esta pose se le llama coloquialmente el síndrome del pato, ya que estas aves parecen estar sonriendo mientras van elegantemente deslizándose por el lago, pero abajo del agua están pataleando desesperadamente para avanzar. Tememos que nos vean o nos veamos como unos fracasados, sin saber que en nosotros está el triunfador y el perdedor, y ambos tienen que ser reconocidos y aceptados cabalmente como parte de quienes somos.

Quizá algunos se preguntarán si es demasiado tarde para dar un cambio de 180 grados. ¡No lo es! Considera que está comprobado que ser bueno en algo requiere diez mil horas de práctica, por lo que es un completo desperdicio pasarlas haciendo algo que odias. Mejor comienza hoy con las primeras horas para hacerte experto en lo que amas. Después de todo, la vida sólo es una y más vale que tu trabajo sea estimulante para hacerla placentera.

Lo cierto es que, después de la pandemia, pocos vamos a librarnos de la necesidad de reinventarnos. Por eso, me propuse escribir este libro, pues espero que sirva como herramienta para acompañarte en la transición hacia tu nueva vida. En esta etapa, y después de que vimos tan cerca la muerte, es de vital importancia dejar de tratar de complacer o de resignarte y optar por llevar la existencia que te mereces. Puede que eso requiera perder estabilidad, colegas, propiedades y lidiar con el vértigo de lo desconocido. Recuerda que el miedo te acompaña, pero en el asiento de atrás, sin control del volante de tu destino, coloca a tu lado a la confianza, esa certeza de que lo que viene es para ti y caerá como anillo al dedo. Muy pronto te encontrarás diciendo: "Nada ha cambiado, yo he cambiado, todo ha cambiado".

Tal vez creas que es la primera vez que te reinventas. No es cierto, lo has hecho siempre en mayor o en menor medida. Tampoco podrás asegurar que ésta será la última vez que lo hagas, porque la tecnología seguirá exigiendo que nos transformemos.

Propósito

En realidad, lo que pasa con nuestros valores y actitudes va marcando no sólo el tipo de vida que llevaremos, las personas que nos rodearán y las metas que logremos, sino también la posibilidad de encarnar al lobo bueno o malo. Eso, desafortunadamente, no impedirá que tengamos grandes defectos y los padezcan quienes estén cerca, como tampoco evitará que cometamos pequeños y grandes errores. Sin embargo, como dice Christine Whelan, autora del audiolibro *Finding your Purpose*, en la historia de tu vida sabrás cómo usaste tus talentos de una manera útil. "Tú eres el productor y la estrella de la película, pero la trama, la visión y el propósito de tus acciones es mucho más grande que tú". Este filme requiere que utilices tus talentos, intereses y valores para tomar acción, enfrentar problemas y crear soluciones, así como para tocar la vida de los demás e inspirar a futuras generaciones para que tengan una existencia con su propio propósito. En tu caso, vivir con tus valores sabiendo que eso te hace feliz y dirige las elecciones que haces respecto del mundo.

Con esta visión, el propósito tiene que ver con usar tus fortalezas para vivir y mantener tus valores e impactar positivamente en la vida de los demás. Yo creí estar interesada en el efecto que generaba la ropa en cada persona y en la sociedad. Sin embargo, cada libro que he escrito me ha enseñado que mi verdadero propósito es despertar el poder de las personas, algunas veces relacionado con su imagen, pero otras tantas con su actitud, sus pensamientos y su misión. Se trata, en realidad, del objetivo principal de tu vida. Pero, así como tus valores se transforman, aquél tiende a cambiar, evolucionar y crecer contigo. Recordemos aquí que los valores no pueden ser estáticos, sino acciones, es decir, en lugar de colocar el valor libertad en un marco colgado en la pared, será mejor que expliques a tu equipo y a ti misma que esto quiere decir no depender de un jefe, prescindir de una empresa que marque sus reglas o cederle el poder a alguien. Para ello hay que plantear, por un lado, lo que puede hacer tu talento para alimentar tu propósito y, por el otro, una meta que alcanzar, pues son dos cosas diferentes. Propósito es lo que te importa, meta es, como ya vimos, la estrategia para hacerlo posible.

Una buena manera de pensar en el propósito, según Whelan, es que te ilumina por dentro y pone al mundo en llamas. Por eso, si estás confundida y no identificas tu propósito, vale la pena preguntarte:

- ¿Cuándo fuiste la más feliz?
- ¿Cuándo te sientes más plena?
- ¿Qué te gustaría dejar como tu legado?

El denominador común es tu propósito. Cuando eres la estrella del filme de tu vida, vas a interpretar varios papeles: de amigo, hermano, papá, mamá, colega, empleado o jefe, por mencionar algunos. Tu propósito es el hilo conductor del tema en cada rol que ejecutas: las cosas que haces, las relaciones que prefieres mientras desempeñas los distintos roles. Éstos pueden ser ayudar a la comunidad o apoyar la moda sustentable, pero en realidad el motor está en ti, tú eres quien da movimiento a la acción. Fluyes desde ese centro y te sostienes con él, como eje, durante todos los cambios y pausas de tu existencia.

El propósito se relaciona íntimamente con tu actividad laboral y recreativa, con las personas que te rodean y hasta el sitio donde vives. Incluso tus ganancias o éxitos no sólo no están contrapuestos a tu propósito, sino son resultado de él. Ya lo afirma Frankl: "El éxito, como la felicidad, es el efecto secundario inesperado de la dedicación personal de uno a una causa mayor que uno mismo".

Por su parte, comenta Vilaseca: "Nuestro objetivo profesional no ha de ser ganar dinero, sino crear riqueza... Nuestros ingresos sólo pueden aumentar en la medida en que aumentamos el valor que aportamos a la sociedad". Después de todo, hay personas tan pobres que lo único que tienen es dinero.

¿Quién eres?

Ésta es más que una pregunta filosófica. ¿Sabías que la mayor parte de la gente, si tuviera la oportunidad de hacerle una pregunta a un ser supremo, cuestionaría por qué está aquí? Yo iría más lejos preguntándote no por qué, sino: ¿para qué estás aquí?

En las consultorías que llevo a cabo con diversas empresas explico que deben diferenciar entre su misión o propósito y su visión, que son las expectativas que tienen sobre su desempeño y éxito. De la misma manera tú debes encontrar la razón por la que eres fundamental para nosotros y la maravillosa perspectiva resultante de ese don.

En 2006 tuve el honor de encabezar un equipo con el que lanzamos la revista *InFashion*. Esta publicación existía en Colombia y fue parte del portafolio adquirido por Editorial Televisa cuando compró Editora Cinco. La experiencia de trabajar ahí fue maravillosa, no sólo porque nos dieron libertad para hacer un producto diferente, sino porque lanzaron una revista con triple portada con barniz a registro, y de vez en cuando *hot stamping*, y en su interior contaba con un papel grueso y lustroso sinónimo de lujo. Decidimos hacer una revista con aire internacional y corazón mexicano. Obviamente, nos cuestionaron si las marcas de alta moda estarían dispuestas a ver sus prendas o joyas junto a las nacionales y nosotros aseguramos que sí, que el mercado estaba listo y lo demostramos. Este proyecto duró cuatro años y medio, era sustentable económicamente y, lo más importante, fue la primera revista en tomar en serio e impulsar al talento nacional. Hasta la fecha, hay personas que me saludan o me escriben para contarme que tienen su colección de la revista *InFashion* completa y que la extrañan. Si bien no concretamos la visión de hacer de esta revista la principal en nuestro territorio, nuestra misión sin duda se cumplió al validar, dar a conocer y otorgar poder a los representantes más destacados de la industria de la moda.

Exactamente de esa misma forma, mi desarrollo profesional se ha ido modificando para irme concentrando más y más en el poder. Este libro trata de eso, pero mi labor no termina al publicar una o varias obras, sino al apoyar a los artesanos mexicanos, al descubrir y dar a conocer nuevos talentos, dictar clases para compartir mis conocimientos, conferencias para explicar los conceptos que conforman mi misión, asesorías y consultorías con el mismo fin.

Mi visión es ambiciosa y optimista, pero mi misión es lo que hago cada día. ¿Qué harás tú con la tuya?

Educación

Este concepto no significa únicamente la posibilidad de volver a las aulas para aprender, sino el hecho de que no dejes jamás de cultivarte: leer, investigar, mejorar tu vocabulario, estar abierto a absorber lo que tengan que enseñarte otras culturas o comunidades.

Para estar vigente, hoy más que nunca, tienes que invertir en ti mismo, actualizar tus conocimientos, exaltar tus habilidades y capitalizar tu talento. No es suficiente con ser bueno y competitivo. Es indispensable que elimines la meta de la perfección y, en su lugar, apuestes por la excelencia. Pero también por la diferenciación que agregue un valor añadido a lo que haces. Si todos tus compañeros periodistas son estupendos escribiendo, quizá tu capacidad de investigar o tu facultad para expresarte en redes sociales valgan más que otra maestría. En resumidas cuentas, resulta más asertivo ser diferente que mejor. Encuentra y pule ese factor fascinante que sólo tú posees. Si consideras que hay muchas personas buscando un propósito similar como si fueran cardúmenes en el mismo mar, crea tu propio estanque y sé el pez más grande. Tienes que convertirte en un emprendedor, aunque no sea para poner un negocio, sino para manejar tu marca: tú mismo.

Vilaseca, experto en marca personal, la describe como "la apreciación que la gente que nos conoce tiene de nosotros". Es, por decirlo en otras palabras, lo que las personas saben que haces bien, lo que quiere decir que hasta hoy esa marca está basada en la percepción que los otros tienen de ti y quizá no hayas tenido control sobre ella. "Nuestro valor como profesional se va a medir —en gran parte— por los valores asociados con nuestra marca personal", agrega. Pero siendo el CEO de tu propia marca es hora de que tomes el poder y hagas saber al mundo dónde y cómo puedes realizar tu mejor contribución. Las redes sociales y la facilidad de subir un blog o página de internet agilizan y democratizan la posibilidad de proyectar lo que quieres que sepamos de ti, así que deja de ser el secreto mejor guardado. No obstante, más vale que elijas algo que dé al clavo con tu *soft spot*, porque, una vez que seas reconocido como experto en ese campo, vas a tener que ser constante y consistente con el tema. Piensa en tus fortalezas, diferenciaciones, valores, tus capacidades difíciles de imitar y lo que te hace sentir orgullosa de ti. Pero no todo queda ahí, pues, siendo coherente con sus afirmaciones anteriores, Vilaseca te invita a que descubras cuál podría ser tu aportación social, que servirá como ese valor añadido que pueda beneficiar, de una forma u otra, a tu comunidad. En el momento que ya sabes qué se necesita de ti, es preciso que te prepares, informes, eduques y relaciones con el tema y su ámbito.

Comunicación

Las palabras tienen un significado profundo para el ser humano y saberlas utilizar de la forma correcta en la ocasión indicada suele hacer la diferencia. Una idea, por ejemplo, puede quedarse en eso si no tenemos la audacia de explicarla correctamente y, más aún, dirigirla a la audiencia indicada. De muy poco serviría si un biomédico publica su ensayo en una revista de alta moda. No importa qué elocuente o ameno sea el escritor, si no llega al receptor que pueda entender lo que explica o está interesado en leerlo, todo habrá sido un desperdicio de recursos y esfuerzo. Lo mismo sucede con nosotros y lo que queremos compartir con nuestro equipo o nuestros clientes o jefes. Debemos conocer exactamente a quién nos dirigimos y crear una propuesta de valor que conlleve un claro propósito y satisfaga la necesidad de nuestro receptor.

Hoy no sólo se trata de saber hablar en público, sino también es determinante escribir, captar la esencia en imágenes (para redes sociales, por ejemplo), difundir y promover al expresarnos, de manera que tanto nuestros valores como el beneficio que aportaremos queden claros para todos: para ti, tu equipo y tu audiencia.

Escuchar a alguien que habla bien es fantástico, pero si esa persona además inspira, tanto mejor. De mismo modo, leer a quien sabe escribir es un deleite, pero si su vocabulario, gramática y ortografía son impecables, podemos realmente entregarle nuestra confianza desde el primer momento.

Como puedes ver, es preciso ponderar la coherencia entre tus valores, tu propósito y tu manera de comunicarlos. Por eso, también debemos abordar otro punto fundamental que generalmente pasamos por alto, pero que es un idioma que no sólo hablamos internacionalmente, sino que captamos en unos cuantos segundos con consecuencias definitivas: la comunicación no verbal.

En mis libros anteriores, especialmente en *Imagen, actitud y poder*, hago alusión a una investigación de Amy Cuddy en la que demuestra que es posible que una postura inyecte seguridad o la disminuya. La conclusión es sorpresiva, pues con el hecho de expandir nuestro cuerpo (con la posición de brazos en jarra y piernas separadas como si fuera una letra

A, emulando a la Mujer Maravilla) se segregan hormonas que fortalecen la confianza en nosotros mismos y el empuje para sentirnos más poderosos. Por lo contrario, colapsar el cuerpo, como lo hacemos al encorvarnos para trabajar en la *laptop* o consultar nuestro dispositivo (junto con cualquier posición que nos haga ocupar el mínimo de espacio, como cruzar brazos y piernas), suele bajar el nivel de testosterona y debilitar nuestro poder.

Una postura correcta: cabeza erguida, hombros hacia atrás y espalda recta es, sin duda, lo que todos esperamos de una persona segura, no en vano se le llama la posición ganadora. Si, además, ésta camina con pasos firmes, mira a los ojos, sonríe abiertamente y toma posesión de su puesto con su cuerpo ocupando espacio (ya sea en una silla o de pie) sabremos que se adueña de su lugar. Los hombros relajados comunican confianza, la postura que endereza la espalda para alcanzar total altura muestra buena autoestima. Cuando diriges el cuerpo o incluso la punta de tus zapatos hacia la otra persona indicas que estás interesado en lo que pueden decir. "Si expresas tu opinión claramente, calmado y firme, hay muchas posibilidades de que la gente te escuche", asegura Kasia Wezowski, quien escribió, en coautoría con Patryk Wezowski, *Without Saying a Word*. No obstante, la experta en comunicación no verbal reconoce lo que decimos mientras callamos, por eso presenta una serie de posturas que pueden tener una repercusión negativa en nuestra comunicación, porque un movimiento en falso puede arruinar todo tu discurso, ya que tu cuerpo no te dejará mentir. Por ejemplo, los brazos cruzados pueden indicar que estás a la defensiva, temeroso o negando lo que escuchas. Si, además esa postura va con las manos en puño, el mensaje es que se aproxima una agresión. Jorobar tu espalda indica falta de motivación. Voltear tu cuerpo o tu cabeza para que no estén frente a la persona o tornar los pies hacia el lado contrario de donde se encuentra es una manera de enseñar que estás desinteresada o manteniendo tu distancia.

Al poner un mueble por delante de tu cuerpo o sumir el cuello entre los hombros y dejar a éstos cerca de las orejas implica que te estás protegiendo; lo mismo que al ponerte la mano en el cuello, como si estuvieras cubriendo la yugular. Hay incluso gestos que, dependiendo de la situación o cultura, pueden resultar positivos o negativos, como sucede en Occidente, donde debes mirar a las personas a los ojos o correrás el riesgo de que se piense que tienes algo que ocultar; por lo que es clave entender a quién te estás dirigiendo y lo que quieres que tus palabras y tu cuerpo comuniquen coherentemente para conseguir el éxito.

La primera vez que salí a cenar con Ricardo sentí que la estábamos pasando muy bien. La conversación fluyó, la noche tenía el clima perfecto, cada uno había pedido una bebida y un platillo a nuestra satisfacción. Pero, al final de la velada, él quería escuchar de viva voz si yo sentía que podíamos seguir viéndonos, así que, en un acto de valentía, me preguntó abiertamente si estaba interesada en salir juntos en otra ocasión. Me gustó su claridad porque ya pasé la edad en que se juega a darse a desear o a adivinar al otro, así que me dispuse a contestarle. Mientras yo hablaba, sin embargo, me di cuenta de algo extraño —por mi conocimiento del tema—, pero que para él era imperceptible: estaba sentada con mi cuerpo (incluyendo mis pies) girado a la derecha, hacia donde estaba él sentado. No obstante, Ricardo se reacomodó para ver al frente (en lugar de tornar hacia mí) y cruzó los brazos para escuchar mi respuesta.

Interrumpí lo que estaba diciendo para hacer hincapié en ese descubrimiento. El problema es que él, como médico, no tenía idea de lo que significaba eso que era tan claro para mí y tuve que traducírselo: "Mi sola postura te dice que estoy interesada, pero evidentemente tratar de adivinar mi respuesta te hace sentirte amenazado, pues antes de escucharla te colocaste en una posición neutra y cruzaste los brazos para defenderte de mis palabras", dije. "¿Crees que te voy a rechazar?". Y como acto de magia admitió que, efectivamente, le costaba mucho trabajo leerme entre líneas y no sabía si yo había sido simplemente amable o si podía existir un interés de mi parte hacia él. Por eso preguntó verbalmente, pero sin notar que estaba poniendo una barricada silenciosa por si mi respuesta era opuesta a lo deseado.

La mayor parte de este libro ha abordado la comunicación que debe existir contigo mismo: saberte escuchar, hablarte con respeto y cariño, practicar la autocompasión y exaltar el amor propio. Pero ser claros con nosotros no siempre resulta fácil, por eso recomiendo la técnica de escribir las páginas mañaneras: este ejercicio consiste en que, al despertar, antes de mirar el celular o tomar café, escribas sin filtros todo lo que te viene a la mente. Deja que se descargue tu sistema sin preocuparte de la gramática, ortografía o del sentido de las ideas. Se trata de soltar la energía y dejarla fluir sin las reservas o normas que te impondrías si alguien fuera a leer esas hojas. Háblate de todo: tus sueños, miedos, conflictos, inseguridades y no olvides las cosas lindas que puedes expresar de ti. Esos garabatos sin estructura serán las primeras señales de que estás destapando los canales de comunicación contigo. Valora esos minutos que te estás dedicando para conocerte y leerte como tu nueva mejor amiga.

Vestir para ser tu mejor versión

"La manera de presentarse en el trabajo tiene importantes implicaciones no sólo en el éxito y el bienestar individual de los empleados, sino también en los logros de las empresas, organizaciones y otras instituciones en donde la gente trabaja", según Mark Leary, profesor de la Universidad de Duke, en su curso *Your Public Persona*, que es parte de The Great Courses. Este reconocido académico y psicólogo social afirma que en algunos estudios se ha visto que las personas muy atractivas son percibidas como más inteligentes, con mayores habilidades sociales y mejor adaptadas comparadas con las personas más comunes. Esto no quiere decir que las menos atractivas fueran calificadas desfavorablemente del todo, pero sí con importantes desventajas. Por eso, afirma Leary, aunque neguemos que nos interesa la moda o nuestra imagen, "todos tratamos de lucir relativamente atractivos con la cara y el cuerpo que tenemos".

Si has seguido mi carrera o leído alguno de mis libros, sabrás que creo firmemente en el poder que tiene la ropa no sólo porque es capaz de hacernos sentir el efecto Cenicienta (pasar de inadvertida a princesa) cuando te ves poderosa, sino porque todo el mundo a tu alrededor estará aplaudiendo que vistas de acuerdo con la ocasión, coherentemente con tu carrera y tus metas, así como que conozcas tu cuerpo y sepas favorecerlo. En realidad, el guardarropa es un elemento fundamental de la comunicación no verbal que me ha fascinado por décadas, porque hasta la persona menos interesada en la moda se viste para salir de casa y puede pagar las consecuencias de una mala elección del atuendo o disfrutar de los beneficios de vestir bien. Digamos que, queramos o no, todos hablamos moda y este idioma es tan universal como caminar con seguridad o adquirir una postura encorvada. En el rincón más recóndito del planeta las personas podrán leer si te quieres, si sabes lo que haces respecto de tu oficio y, ojo con esto: también interpretarán algunos detalles que pueden resultar muy injustos para ti. Por eso, me parece fundamental saber expresarnos a través de la ropa y nuestro arreglo personal.

Recuerdo que para una entrevista de trabajo me puse un suéter lindo y unos pantalones, a sabiendas de que era un poco informal el atuendo, pero ya era la tercera junta con la CEO de Condé Nast y ella me había citado en un café. Instintivamente sabía que lo más importante era que mi ropa permitiera que me viera como parte de su equipo, en lugar de tratar de lucir como una autoridad en la moda. La reunión fue un éxito, pero el plato fuerte lo dejé al final, cuando, al despedirnos, llevaba ya puesto mi impermeable y di el toque de estilo al colocar alrededor de mi cuello una mascada azul poderosísima. Las pupilas de mi interlocutora se dilataron y, con ello, supe que nuestra negociación era un trato cerrado.

Hasta el más desinteresado en cuestiones materiales ha sentido el golpe de energía positiva que tiene ponerse unos zapatos que le gustan o una prenda de su color favorito. Este elemento no debe ser despreciado, sino capitalizado para hacernos sentir mejor y, de paso, lograr nuestras metas. Unas sandalias de tacón alto pueden llevarnos, en cuestión de segundos, a hacernos sentir como una mujer muy *sexy*. Una camisa de seda, lustrosa y suave, transmite la sensualidad del lujo cuando un chico la lleva puesta. Una joya que usas como talismán de buena suerte, un bolso que lleva esa ejecutiva como símbolo de su éxito, un traje recién sastreado para darte el porte y la autoridad de tu nuevo puesto son herramientas que resultan útiles para reforzar nuestra autoestima o comenzar de cero con el pie derecho.

Hay que aprender códigos sencillos para saber utilizar la ropa a tu favor y, como he dedicado gran parte de mi obra a ese tema, no me detendré en detallarlos. No obstante, te invito a que utilices lo que tienes en tu clóset para comunicar, a ti y al mundo, lo que puede hacer un guardarropa por tu reinvención. Piensa en vestirte no para el puesto o la vida que tienes, sino para el cargo y el futuro que quieres.

Salud

Una salud completa implica mente, cuerpo, economía, emociones y sentimientos. Alimentarse correctamente es, sin duda, una fuente de salud para el cuerpo, lo mismo que beber uno o dos litros de agua diarios y hacer ejercicio constantemente.

Para darle mantenimiento a tu mente se ha comprobado que la meditación tiene increíbles resultados. A mí me cuesta un enorme trabajo disolver mis pensamientos al respirar o meditar, pero disfruto recitar un mantra constantemente mientras inhalo y exhalo, porque eso me mantiene enfocada y en control de una mente que —como la describe Shetty— parece un mono ebrio y recién picado por un alacrán, brincando de pensamiento en pensamiento y de sensación a sensación. Las personas que meditan regularmente logran mayor concentración, aclaran sus sentimientos y son más compasivas consigo mismas y con otras personas. Hay diversos métodos de meditación y lo que se llama atención plena (*mindfulness*) que, a través de estudios científicos, han comprobado que aportan mucha felicidad y salud a quienes los practican. Chopra dice que eres lo que hay entre pensamiento y pensamiento. De verdad funciona, lo digo porque mi hijo rogaba que hubiera ido a meditar antes de llegar a casa cuando él traía sus calificaciones a firmar, para que el regaño fuera menor y mi compasión ante sus malas notas, mayor.

Todos los que somos padres hemos restringido los horarios de nuestros niños para que descansen, estén de buen humor, sanos y aprovechen la escuela al día siguiente, pero nos negamos constantemente ese mismo privilegio. ¿Sabías que conducir un auto después de dormir poco equivale a hacerlo en estado de ebriedad, lo cual pone en peligro tu vida y las de quienes te rodean? Me pasó a mí, pues insistía en ir a comer a casa con mi hijo todos los días, conduciendo de 45 minutos a una hora de ida y otro tanto de vuelta en horas pico por la Ciudad de México. Hasta que una tarde soleada y cálida me quedé dormida y choqué con el auto que estaba frente al mío. Ahí fue cuando determiné que era mejor no llegar a comer que nunca volver a ver a mi hijo. Sin embargo, también están en riesgo tu trabajo, así como tus relaciones y decisiones, ya que tiendes a estar irritable, poco concentrada y cansada, con lo que tus niveles de productividad, energía y tolerancia bajan considerablemente.

Muchos de nuestros jóvenes y gran parte de nosotros estamos deprimidos debido a la adicción a los celulares y el miedo de perdernos lo que está sucediendo con los demás (conocido por sus siglas en inglés como FOMO). En realidad, esto sucede porque nos ha dado por pensar que dormir es un desperdicio de tiempo, en lugar de una ganancia en salud mental, emocional y física que todos deberíamos capitalizar. Soñar dormida será un pasaporte para que vivas más, mejor y relajada. La inspiración y la soltura que necesitas para emprender o cumplir tus metas pueden irse generando desde la almohada.

Motor

La pasión puede generar candentes historias de amor, pero también espectaculares negocios, carreras, obras de caridad y cambios en el mundo. Vivir sin pasión es como cocinar sin sal. A lo largo de mi carrera he conocido a muchísimas personas que se sienten perdidas en sus actividades, que trabajan por el dinero que cae en su cuenta bancaria cada 15 días y gran parte de las parejas que conozco llevan su relación con resignación, más que con conexión. Muchos de los jóvenes a quienes he dado clases buscan ventanas de oportunidad para triunfar de la manera más fácil y rápida, pero nunca escuchan a su corazón, por lo que muy probablemente van a traicionarlo una y otra vez corriendo detrás de una zanahoria que no corresponde a su realización como persona.

Yo misma recorrí ese camino, fincando mis esfuerzos en un campo de la comunicación que no llenaba mi alma y empobrecía mi espíritu. En cambio, vi a mi hijo crecer enamorado de la historia, embelesado por las estrategias militares durante las guerras, fascinado con los uniformes, atraído por el heroísmo y la pertenencia de los integrantes de las fuerzas militares. No hubo poder en el mundo que lo hiciera cambiar su sueño de ser parte integral de esa profesión, ni argumento que apagara el fuego de su pasión, de manera que, con el corazón adolorido de una madre que lo que menos quiere es ver a su hijo morir o matar, tuve que honrar su voluntad y celebrar sus logros. Mientras escribo esto, él se encuentra en un extenuante entrenamiento en el Cuerpo de Marines y se ha apuntado para defender la libertad de Ucrania en caso de que sea necesario.

Para los que no arriesgamos la vida por cumplir nuestra misión, el riesgo de no honrar nuestra pasión tampoco es bajo.

De hecho, sin ella, el empuje, el gozo y el éxito en nuestra carrera se escurrirán como si quisiéramos agarrar el agua y mantenerla en nuestras manos. No la desdeñes por la seguridad de un salario asegurado y no te conformes con una relación aburrida o tóxica con tal de verte acompañada. Mientras para unos el tiempo es el verdadero competidor y para otros el dinero es el objetivo final, para los que nos reinventamos la pasión es el combustible que mantiene fértil nuestra creatividad y vibrante nuestro espíritu.

Fluir

Fluir es lo contrario de estancarse. Es dejarse llevar, entregarse a una tarea o relación, rendirse ante la pasión sin reservas ni miedos. Prácticamente es cuando dejas de sentir el paso del tiempo y disfrutas tanto lo que haces o tus emociones, que conectas con tu espíritu en un mágico momento de creatividad, generosidad, amor y luz.

Es posible fluir en una conversación, en una clase de yoga, al leer un libro, diseñar un vestido o dar una conferencia. No se requiere planeación ni vocación para hacerlo, sucede mágicamente. Sin embargo, es la señal de que estamos en el lugar correcto haciendo lo adecuado, pues se conectan todos los puntos y el flujo te lleva sin que haya esfuerzo o resistencia. Jonathan Haidt, autor del libro *The Happiness Hypothesis* (*La hipótesis de la felicidad*), menciona que en ciertas investigaciones se asegura que hay dos tipos de actividades que todas las personas disfrutan, la primera se relaciona con los placeres corporales, como comer o tener sexo. Sin embargo, los participantes del estudio reportaron mayor gozo al encontrarse en un estado de inmersión total en una tarea que, si bien es retadora, también es muy afín a sus habilidades; a esto le llama "estar en la zona", que no es otra cosa que fluir. Esta gratificante sensación suele exigirnos más de nosotros, nos hace aprender, mejorar, conocer y robustecer nuestras fortalezas. Procura que tu vida te brinde ese caudal para entregarte de lleno, pues es parte del éxito personal y profesional que buscas para reinventarte. Así que ponte atento y observa; cuando detectes qué produce ese maravilloso estado, regresa a él cuantas veces puedas.

Ve por el sí

Siempre parece imposible hasta que está hecho.
NELSON MANDELA

Ya tienes el no, ¿qué pierdes buscando el sí? Es algo que me repito cuando mi introversión me gana la batalla y necesito esforzarme para pedir ayuda, llamar a un desconocido o hacer algo que me vuelva vulnerable. A veces hago conciencia para detectar que rara vez recuerdo el no de las personas y, en cambio, han existido síes que han cambiado mi historia personal y profesional.

Un día, mi querido amigo Fernando Toledo dijo que me recomendó para que me entrevistaran para trabajar en la revista *Buenhogar* y, como no me llamaron, fui yo quien busqué la oportunidad, mas no en esa revista para amas de casa, sino en la de moda. Fue tan audaz mi decisión que no sólo me recibieron y contrataron, sino que lo hicieron para un mejor puesto, como directora de la revista *Elle*. Lo mismo sucedió cuando, teniendo ya el manuscrito listo de *El poder de la ropa*, que escribí junto con Antonio González de Cosío, fui por el sí buscando a mis contactos en las editoriales de libros para proponerles que publicaran el nuestro.

Una de las guionistas y empresarias televisivas más exitosas, Shonda Rhimes, publicó un libro de un año entero en el que a todo dijo que sí, *Year of Yes* (*El año del sí*). Sin duda, esa actitud positiva le abrió todo tipo de oportunidades. Así que sé arrojada, ambiciosa, creativa y apasionada. ¿Qué puedes perder? Claro que sí, ya tienes el no. ¡Ahora ve por el sí!

V

Poder

El poder es la habilidad de lograr un propósito.

Martin Luther King Jr.

M i fascinación por el poder surgió cuando creía no tenerlo. Viví en una familia con padres y hermanos brillantes, todos con personalidades fuertes. Se esperaba excelencia pura de cualquiera de nosotros. Por eso elegí un camino diferente del de los demás: un poco porque sentía que no pertenecía al clan y porque estaba segura de no dar el ancho. Así que, cuando tuve que elegir universidad, rompí el esquema familiar de estudiar en la UNAM, universidad pública de gran prestigio, para inscribirme en la Iberoamericana, en la que se suponía que estudiaban sólo los adinerados y vanos. Para colmo, escogí Comunicación, carrera cuyo contenido quizá nunca entendieron mis padres y desdeñaron mis hermanos intelectuales. El objetivo era marginarme por cuenta propia de mi familia para no ser rechazada o tener punto de comparación y, por lo tanto, no sentirme inadecuada, defectuosa o francamente tonta.

En realidad, la duda y el desaliento no fueron más que la ausencia de poder, y de ambos tuve una buena tajada. No obstante, caminar por mi propio sendero, lejos de mantenerme con los miedos e inseguridades con los que llegué ahí, me puso a prueba para sacar la casta una y otra vez. Al final hubo un momento feliz en el que mi personalidad, mi trabajo y, principalmente, mis valores fueron el pasaporte para formar parte de esa familia, de la cual me siento orgullosa, aun con todos sus retos y disfuncionalidades.

Confianza

¿Le tienes miedo al dinero? ¿Y a la libertad?

Hace unos días estuve en el hotel Hostal de la Luz, en Tepoztlán, Morelos. En ese sitio hay un laberinto estilo celta que utilizan para invitar a los huéspedes a caminar, con los ojos cerrados, por sus senderos rodeados de piedras. Un chamán dirigió la sesión en la que participamos cuatro mujeres. Descalzas y con los ojos cerrados fuimos encaminadas para comenzar una tras de la otra el recorrido. Por un lapso de casi hora y media, las cuatro enfrentamos toda clase de dificultades y dudas, de modo que, en lugar de seguir en fila la guía de las piedras, tropezamos, chocamos, nos encontramos de frente y ninguna llegó a su destino al primer intento. La experiencia fue interesante porque hizo patente la relevancia que he depositado en mi vista, la poca práctica y atención que he dedicado a las plantas de mis pies, por lo que su sentido del tacto es mínimo. Pero lo peor de todo fue que en esos minutos, que parecieron larguísimos, salieron a relucir cosas que odio sobre mí: la tendencia a competir con mis compañeras temiendo que alguna o todas hubieran llegado antes que yo; la duda sobre mis decisiones al encontrarme con otra persona de frente y no poder convencerme de que la que llevaba la dirección correcta era yo; la poca paciencia ante un proceso que hubiera deseado acortar y, por su dificultad, llegué a odiar; la intolerancia ante el hambre que me recordaba que los invitados que no estaban en el laberinto seguramente disfrutaban de un delicioso desayuno en lugar de dar tumbos por ahí; mi rechazo ante las palabras del chamán que repetía, una y otra vez, que abrir los ojos era el camino al fracaso. Después de pasar por todos estos pensamientos y sensaciones, llegué no al centro del laberinto, sino al punto de inicio en el que el chamán se encargó de hacerme sentir derrotada. Por un momento me detuve y consideré la posibilidad de abortar, pero después me encaminé de nuevo y desarrollé una mejor técnica para sentir las curvas y no seguir dando tumbos por los senderos. Te mentiría si dijera que nunca abrí los ojos, pero en mi segunda vuelta algo había regresado a mí: la sensación de que la competencia estaba en mi cabeza y mi triunfo no consistía en ser la primera, ni siquiera en conseguir llegar al centro, sino en avanzar al ritmo que requería toda mi concentración para que mis pies detectaran y me llevaran hacia delante. Tras un sano cambio de expectativas logré llegar y, curiosamente, fui la única que lo hizo en las condiciones estipuladas. No me llevó hasta ahí mi ímpetu por triunfar, sino la confianza que recobré al poner mis pasos decididos. David Richo, autor del libro *Daring to Trust* (*Atreverse a confiar*), asegura que lo contrario de la confianza no es la desconfianza, como podría pensarse, sino la desesperanza. Eso es terrible porque es como si hubiéramos perdido la fe en nosotros o en los demás.

Si bien es cierto que las expectativas pueden ser el centro de nuestra desesperanza, la actitud es, en gran medida, la llave del éxito. Hace algunos años mi hijo entró a una preparatoria que no le gustaba. Desde que fue a la entrevista de admisión la odió y determinó que todos sus compañeros serían unos fracasados, pues era una escuela especial para alumnos con déficit de atención. Pasaron dos años y no hizo amistades, se la pasó añorando su otro colegio y se revelaba a aprender todas las técnicas especializadas en lidiar con su problema de atención. El resultado, evidentemente, es que él mismo se negó la posibilidad de ser feliz ahí.

Yo, por ejemplo, puedo reconocer mi actitud negativa para cocinar. No queda claro si odié cocinar porque lo hago mal o lo hago mal porque lo odio. El tema es que no tengo la paciencia para los tiempos que pide una receta, me frustra no contar con todos los ingredientes y, peor aún, no ser capaz de improvisar sin arruinar el resultado. Si decido cocinar siempre termino decepcionada. Nuestras historias finalizan así porque, si insistimos en ser negativos o que algo es fatal, casi por arte de magia, así será.

Según Joseph J. Luciani, muchas veces la inseguridad impide que nuestra autopercepción sea correcta y se convierte en un hábito como cualquier otro, uno, por cierto, muy eficiente para obstruir tu éxito. "La inseguridad es la sensación de que no puedes con la vida o algún aspecto de ella", dice el psicólogo y *coach*. Pero él mismo nos consuela afirmando que nadie nace inseguro, sino que es algo que se aprende y, a fuerza de practicarlo, se convierte en parte de nuestra cotidianidad. La fuente de ese estado de inseguridad es la preocupación que, como ya vimos antes, está basada en una ficción, pues se trata de pensamientos inventados que son especulación pura. También consisten en asumir cosas que no podemos comprobar o incluso intentos de adivinar el pensamiento de alguien, como cuando decimos que no le caemos bien a una persona, como si leyéramos su pensamiento, pero no tenemos la seguridad de que sea cierto. Terminamos especulando que nos aproximamos a un caos, como si el hecho de anticiparlo nos diera control o evitara la vulnerabilidad, sin considerar que lo único que logramos es aumentar el estrés y, en el peor de los casos, sugestionarnos y transformar lo que era nuestro temor en una realidad.

Esa inseguridad es escasez, tal como la historia de los desencarnados que me atemorizaban al prender la televisión a la mitad de la noche o al romper las llaves de mi casa, y es que los fantasmas se alimentan de la vulnerabilidad de sus presas, igual que el desaliento se robustece de las quejas, las excusas o del inventario imaginario de obstáculos para estropear tus posibilidades de triunfar. Así que hoy es el día para determinar si vas a ser tu propio rehén al quedarte en el empleo en el que desperdicias tu talento, con el jefe que te explota o humilla, con la pareja que te ignora o en la soledad que te paraliza o, bien, si apostarás por desarrollar tu potencial al máximo.

Mientras más inseguridad experimentamos, nos dice Luciani, hay mayor tendencia a desear más control, lo que se convierte en la carrera de un perro persiguiendo su cola. La solución ante este hábito es tener confianza en ti misma y abandonar el afán de controlar todo. Sólo así disiparás tus preocupaciones. Debes deshacerte de tus dudas, dejar de mentirte y mentirle al resto del mundo aparentando lo que no eres o crees que ellos quieren que seas, y cuestionarte cada vez que te ataca el sentimiento de inseguridad si lo que te preocupa es un hecho comprobable o es ficción, si esos pensamientos te sirven o te lastiman.

Por eso, el experto reitera que tratar de controlar la vida se contrapone a la naturaleza. "Lo contrario del control es el riesgo", asegura. Y no hay éxito sin riesgo. De todas las mentiras que te has dicho para frenarte, todo el control que te ha llenado de escasez y la inseguridad que es el mismísimo infierno de la duda y el desaliento, hoy te pido que te arriesgues creyendo en ti.

Determinación

Pasión y perseverancia hacia una meta a largo plazo.
ANGELA DUCKWORTH

Grit es el término con el cual Angela Duckworth titula un libro que se ha convertido en *bestseller*. Buscando la mejor traducción para el vocablo inglés, llegué a *determinación*, aunque también podrían funcionar coraje, firmeza, agallas y valor. En realidad, *grit* es todo eso, comprimido en una fuerza de espíritu que te llevará a cumplir con una meta a largo plazo que tiene un significado importantísimo para ti. "Sabía que el éxito convencional dependería de tres factores: talento, suerte y disciplina, y sabía que dos de esas tres cosas nunca estarían dentro de mi control", afirma Gilbert. "El azar genético ya había determinado cuánto talento se me había asignado y la lotería del destino determinaría mi suerte. La única pieza sobre la cual tenía algo de control era mi disciplina, al reconocer eso, parecía que mi mejor plan era trabajar mucho como la única carta que tenía para jugar, así que aposté por ella con todo". Tal como lo dice la autora de *Comer, rezar, amar*, los logros son frutos de una siembra que te ha llevado años de entrega. Si realmente amas lo que haces, quiere decir que supiste escuchar tu voz interior y debes celebrar saboreando la cosecha. Pero si todavía es temprano para la vendimia o no estás tan seguro de ir por buen camino, tienes que concentrarte en que el éxito es estar perfectamente alineado con tu propósito.

Sólo puede cosechar quien ha sembrado. La virtud está en mantener la mirada en el premio para ser consistente con tu sueño, en ser persistente en tu trabajo para lograrlo y resiliente para superar los obstáculos que se presenten en el proceso.

Todos fuimos testigos de que Steve Jobs tenía sueños grandes y, aunque experimentó diversos fracasos antes de conseguirlos, murió con la certeza de que su trabajo y determinación habían valido la pena. ¿Sabías que Steven Spielberg fue rechazado para ingresar en la escuela de cine tres veces, que a Oprah Winfrey le dijeron que su carrera en televisión no tenía futuro porque no tenía la imagen adecuada en pantalla o que a Beyoncé le aseguraron que no tenía buena voz para cantar? Por menos de esos comentarios y fracasos muchas personas hubieran desistido, pero eso no lo vamos a hacer nunca, ni tú ni yo.

La determinación ha sido parte de mi personalidad, a veces rayando en la terquedad. De hecho, de no ser por mi intensidad para completar el papeleo de la adopción quizá no hubiera tenido el privilegio de ser la mamá de Francisco, ya que esa cantidad de requisitos le llevaba a cualquier pareja muchos meses o hasta años, y yo logré que mi red de apoyo me auxiliara para terminar con todo en menos de noventa días.

Así, la determinación está fincada en tus sueños y no hay nada más motivador que eso. Por si esto fuera poco, lograr un reto revela tus habilidades —tanto las obvias como las ocultas—, lo cual beneficiará al concepto que tienes de ti mismo. Es ese orgullo el que te hará perseverar cuando haya una dificultad, tener paciencia, proponerte adquirir habilidades que te hagan más capaz y evitar darte por vencido. La primera persona que debe convencerse de que merece lo mejor eres tú, no se trata de lo que los demás esperan o te han dicho que debes anhelar, sino lo que realmente hará la diferencia en tu vida y tu felicidad.

Abundancia

Chopra dice, en una meditación sobre felicidad y plenitud:

> Cuando un árbol está cargado de frutos, sus ramas se incli-
> nan hacia abajo para ofrecerlos a todos. El significado de esta
> imagen es que la plenitud es un estado de felicidad, satisfac-
> ción y generosidad desbordantes. Cuando te sientes pleno,
> por naturaleza, quieres compartir ese estado con los demás,
> pero, al mismo tiempo, podemos encontrar una pista de por
> qué tantas personas no se sienten plenas y parten de una
> sensación de carencia. No hay nada que dar cuando sientes
> que te falta algo en tu interior.

A mi vecina se le quemó la casa y cuando le pregunté por
qué su hermana no la había acogido en la suya, me contestó: "Uno no puede pedirle a alguien lo que no tiene para dar",
refiriéndose a la solidaridad que se espera de una persona
cercana. La relación de Marisol y Bernardo se basó en la exal-
tación de sus inseguridades, que acabaron con el incipiente
amor simplemente porque no estaban en abundancia. Cuando
mides con báscula lo que das y esperas un retorno igual o superior también terminas frustrado, resentido, sin jamás haber
gozado de las mieles de tu acto generoso.

Abundancia es compartir, hacer un buen equipo de trabajo,
enviar una postal cuando ves el cuadro favorito de tu amigo,
comprar unos bollos calientes para sorprender a tu pareja con
el desayuno cuando despierte. Claro que también los frutos
son para ti: costearte la maestría que has anhelado, escapar-
te del trabajo para ver a tu hijito cantar los villancicos en la
fiesta navideña o darte permiso de hundirte en la bañera llena

de espuma sin que nadie te interrumpa. Hay recursos de todo tipo, ve y dispón de ellos a placer.

Prosperidad

El que piensa que el dinero lo es todo se está perdiendo del resto de la vida. Muchos persiguen la riqueza porque jamás han podido llenar el vacío que los hace sentir que no valen nada. "El dinero mejora la vida, pero cuando hacer dinero es una obsesión, ésta sustituye a la satisfacción", afirma Chopra. Esta prosperidad no es tal cuando el dinero te deja solo, desconfiado, abusando de los débiles, engañando a los ingenuos, preocupado por la posibilidad de carencia si lo pierdes todo. Eso es sólo dinero.

Depender del dinero ajeno también se antoja como una fantasía: que me mantenga mi marido, que lo pague mi jefe, o que me lo compre, si tanto me quiere. Pero lo que parece un oasis termina siendo la puerta del infierno porque en esos actos has cedido por entero tu poder, dando entrada no sólo a la dependencia, sino a jamás sentirte suficiente para satisfacer tus propios deseos. La violencia económica encuentra ahí un caldo de cultivo: el esposo limita el gasto familiar, el jefe toma las decisiones de quién va y a dónde, mientras que el que espera un regalo como prueba de amor ha renunciado a su autoestima.

Mi papá decía que no hay nadie más rico que quien no debe nada. Me parece interesante su afirmación, pero la prosperidad no puede reducirse a no tener deudas, ni siquiera a poseer tanto capital como para comprarte todo. En realidad, si basas la idea de prosperidad en relación a la cantidad de dinero que tienes, jamás conocerás su verdadero significado. Sin duda, una persona próspera no experimenta carencias, sino que mira al mundo con ojos de abundancia: posibilidades ilimitadas, caminos abiertos, seres amorosos y la oportunidad de gozar cada momento. No hay persona más rica que la que goza de su trabajo, quien ama intensamente y es capaz de llevar una vida apoyada en sus valores.

La prosperidad, a mi juicio, tiene que ver con ser autosuficiente, contando con los recursos para vivir como te gusta y poniendo en alto tus valores. Se trata de sentir el poder que da ser responsable de tu destino. También implica poder recurrir a tus recursos económicos o morales si hay una emergencia o si quieres auxiliar a alguien en problemas.

Es ser abundante. Ser próspero, entonces, no para gastar, sino para invertir o capitalizar. Hoy puedes invertir en un desayuno con tus sobrinos, en el auto que has deseado siempre, en las vacaciones de tu familia o capitalizar después de haber tomado un diplomado que te hizo más competitivo o al impulsar la protección de los niños a través de un donativo a *Save the Children*; en sembrar, pues. En cierta medida, es estar convencido y entregado a tu poder, orgulloso de ser tú, con esa salud emocional, física, mental y financiera que sólo depende de ti.

Resiliencia

Rafaela Santos, neuropsiquiatra y presidenta del Instituto Español de la Resiliencia, define: "La resiliencia es la capacidad humana de superar las dificultades y salir transformado —más humano, mejor persona— después de vivir una adversidad". Para lograr recuperarse de un embate de la vida, se necesita ser fuerte y a la vez flexible, como una pelota.

Debemos de tener en cuenta que lo que nos levantará es un proceso, no un suceso o una virtud. Pero mientras algunos investigadores afirman que existen personas más capacitadas desde su infancia para recuperarse por haber sido adaptables, sociables, alegres y con facilidad para ubicar ayuda desde niños, otros consideran que es algo que se puede aprender.

Los siguientes factores son clave para fortalecer la resiliencia:

- **Aceptación:** sucedió, entonces hay que entender que al pasado no lo puedes cambiar, ahora es necesario concentrarte en lo que depende de ti.
- **Adaptabilidad:** es la flexibilidad a la que recurres, a pesar de los obstáculos, manteniendo la integridad y el bienestar personales.
- **Conexión:** no se trata de un esfuerzo individual, pues las personas allegadas y adecuadas, tanto como la comunidad, serán fundamentales para acompañarte y apoyarte a restablecer la normalidad.
- **Ser positivo:** los pensamientos sanos y esperanzadores hacia ti y respecto a los demás pavimentarán el camino para que vuelvas a despegar.
- **Ejercitar la autocompasión:** hay dolor, por lo que, en lugar de flagelarte más, debes hablarte y tratarte con amor.
- **Saber pedir ayuda:** en lugar de aislarte con vergüenza, es el momento de estirar la mano y permitir que alguien te auxilie para levantarte.
- **Creer en ti:** no hay que ver la caída como el final del camino, sino como el primer paso al éxito.

- **Agradecer:** una persona que reconoce la generosidad ajena sabrá premiarla con sus palabras, sus obras y al corresponder cuando sea ella quien preste auxilio.
- **Aprender:** las lecciones, aunque dolorosas, serán de gran valor para tu siguiente etapa.
- **Solucionar:** es momento de resolver y ejercitar tu espíritu fuerte.

Esto significa que desde ahora debes abandonar el estado de escasez y sembrar, priorizar las relaciones positivas y conectar con los valores de las personas que quieres en tus círculos cercanos.

Está comprobado que los individuos que saben identificar a una persona que pueda orientarlos en las buenas y en las malas sienten mayor apoyo y conexión, por lo que nunca se sienten aislados, aunque fracasen. "Una pena compartida pesa la mitad, una alegría compartida suma el doble", confirma Santos. "Nadie es tan fuerte que no necesite ayuda, ni tan débil que no pueda ayudar a los demás". Yo jamás hubiera logrado superar mi primer divorcio sin la terapia de grupo. Sin duda, me fortaleció tener el apoyo de mis compañeras y de Perla, nuestra psicóloga, quien moderaba las sesiones. Con ellas fue más fácil detectar mis conflictos y, en algunos casos, tomar difíciles determinaciones.

Felicidad

La felicidad es como un buen queso lleno de agujeros. Nunca es total, nunca es absoluta... pero se encuentra cada vez que tratamos de hacer el mayor bien posible y el menor mal consciente.

RAFAELA SANTOS

El *coach* Luciani describe la felicidad como un estado de bienestar que nos hace sentirnos contentos y nos permite vivir en armonía. En cambio, asegura que la infelicidad se deriva de una inseguridad que distorsiona nuestra verdadera naturaleza. De hecho, es muy fácil pensar que la felicidad se encuentra fuera de nosotros, por eso señala tres equivocaciones constantes que cometemos en su búsqueda:

1. Pensar que es sinónimo de dinero, como si trajera consigo la felicidad y la seguridad.
2. Confundirla con poder (en el sentido tradicional), como si éste fuera una defensa contra la vulnerabilidad.
3. Equipararla al estatus, es decir, la búsqueda de fama o posición para compensar tus inseguridades, como si fuera equivalente a ser amado y respetado.

Si tienes que ser notado o reverenciado para sentir que eres relevante, en realidad estás tratando de compensar por esos abismales sentimientos de que no vales nada: vives en escasez.

Pero igualmente equivocado es pensar que la felicidad es un golpe de suerte o un destello momentáneo. La felicidad la siembras tú y se compone de:

- **La felicidad personal:** cómo te sientes contigo mismo.
- **La felicidad funcional:** la satisfacción en tus actividades y trabajo.
- **La felicidad social y en tus relaciones:** el bienestar con tu pareja, familia, equipo de trabajo y comunidad.

Tal vez por eso parece difícil hacer que los puntos se unan y reconocer que hemos logrado sentirnos felices. Mientras pensemos que este maravilloso estado depende de algo externo, como que alguien nos ame, que nos dé dinero o simplemente que no hay que buscarlo, pues es un golpe de suerte, será más remoto que llegues a construir y a gozar de sus mieles. Debemos entender que nadie tiene las semillas para que nosotros la cosechemos. La felicidad no está afuera, sino adentro, pero podemos impregnar nuestro mundo exterior con ella. ¡Es hora de sembrar!

La definición que tengas de felicidad hará que le dediques un tiempo para estimularla en tu vida o que la concibas o experimentes como un momento lleno de culpa. Si ves la felicidad con culpa, la harás a un lado y la pondrás como una necesidad de segunda clase. Así que tiene que ser una prioridad divertirte y rodearte de lo que te hace gozar. Haz tus nuevos acuerdos considerando lo que te llena, lo que puedes contagiar con tu pasión y dejar como legado con tu entrega. Debemos hacer hábitos de aquello que nos hace felices.

No puedo hablar de la felicidad sin tocar el tema de la tristeza. No confundamos ese sentimiento con la depresión o la melancolía. Me refiero al estado en el que nos encontramos cuando algo sale mal: llega una enfermedad que acaba con nuestra calidad de vida, nos sorprende la muerte de un ser querido, nos sentimos sin rumbo al estar desempleados o con un gran dolor cuando perdemos a la persona que amamos.

Esta aflicción, sin embargo, no viene como escasez, sino como un campo que hay que trabajar para después poder sembrar en él.

Resulta que en la tristeza se da un momento de introspección impresionante. Grandes obras han sido creadas con esa pesadumbre que pone los sentimientos a flor de piel y la inspiración los capitaliza. Ese sentimiento también acerca a las personas que te quieren arropar e incluso te hace suficientemente humilde como para pedir apoyo, así sea solamente un abrazo.

En la tristeza se presentan diferentes momentos y en algunos de ellos la mezcla de elementos se convierte en un coctel lleno de nuevas posibilidades. Si bien estás triste porque se ha cerrado una puerta, la vida te llena de ese sentimiento no para hundirte, sino para que en el fondo encuentres las nuevas semillas de tu vida. La felicidad, aunque parezca opuesta, está esperándote al final de la tristeza. Ahí estuvo para mí a la llegada de Francisco, después de mis años de sequía. También vino a encontrarme al término de la peor época de mi vida, en la que murieron mi padre y mi hermano, mi matrimonio y mi familia como la había conocido y amado hasta entonces. Cuando más oscuro se veía mi presente, jamás pude imaginar que regresaría la paz a mi casa, que se impondría el amor por Franz para sanar mi corazón roto, la gran aventura y pasión que sería mi carrera, así como la formidable familia, ya elegida por mí, que haría con mis amistades entrañables.

Honra tus sueños

*Cada sueño que dejas atrás es parte de tu futuro
que ya no existirá más.*
Steve Jobs

¿Hace cuánto que no sueñas despierto? ¿Meses, años, décadas? Soñar con los ojos abiertos y la esperanza en alto es la mejor señal de que estás sano, vivo y has sido resiliente. Seguramente tú, como yo, has traicionado algunos sueños. En parte porque algunos se difuminan con el paso del tiempo o porque simplemente han sido sustituidos por otros. Yo, por ejemplo, anhelaba ser actriz de teatro y mi carrera fracasó sin que lo haya intentado (me reprobaron en el examen por no querer desnudarme). Eso me llevó a estudiar Comunicación y no optar por mi segundo sueño que consistía en diseñar ropa (porque no había escuelas con esa carrera en México). Viendo mi profesión, 30 años después, podríamos pensar que traicioné más de un sueño o que pude concretar uno que nunca tuve, pero es el resultado de la conjunción de todos los anteriores, incluyendo las artes escénicas, que tan útiles me han sido para hablar en público. No obstante, traicioné el anhelo de tener una familia con marido, varios hijos y estabilidad emocional; lo cambié por ser madre soltera, dedicarme a mi hijo y a mi carrera profesional.

Ahora te toca a ti pensar qué sueños has abandonado por miedo, desaliento o dudas. Reflexiona en los que verdaderamente podrían formar parte de tus semillas para sembrar y construye un atrapasueños para recuperar los anhelos perdidos, olvidados o cancelados. Ten la habilidad de transformar tus metas y la humildad de saborear tu cosecha si da frutos sabrosos, aunque sean inesperados.

Represéntate

La vestimenta grita quienes somos, sin que tengamos que articular una palabra. Originalmente se trataba de algo utilitario para defendernos de las inclemencias del tiempo, para permitirnos pertenecer a un grupo social y para poder encontrar pareja, asegurando así preservar con ello nuestra descendencia. Ahora, sin embargo, Leary, en el curso antes mencionado, habla de tres impresiones que deseamos causar en los demás para ser percibidos laboralmente como:

- Agradables.
- Competentes.
- Virtuosos.

Socialmente, en cambio, la ropa puede ser útil para mostrar nuestros valores al vernos prósperos, sensuales, conservadores, rebeldes, religiosos, en fin, ¡lo que se te ocurra! Estos mensajes tienes que revisarlos mientras estás procesando tu reinvención, pues una imagen vitaminada que te proyecte como alguien pleno sólo puede sumarte poder.

La ventaja que presenta este rubro consiste en que todas las herramientas las tienes ya en el clóset. Si acaso tendrás que adquirir un par de piezas que te hagan lucir impecable, pero la mayor parte de la materia prima está colgada ya en el armario. Sólo recuerda que, incluso para vestir, no hay marca o presupuesto que sea más importante que tu actitud. El que tiene seguridad en su elección de prendas estará diciéndose a sí mismo, y al mundo entero, que está listo para una vida mejor.

La regla del rodio

Seguramente has escuchado hablar de la regla de oro que consiste en tratar a las demás personas como te gustaría que te trataran a ti. Éste es un gran hábito que ejercita la empatía, la compasión y la generosidad. Pero necesito que antes cumplas con lo que yo bauticé como la "regla del rodio". Este metal es el más costoso y escaso del mundo, muy cotizado por sus propiedades reflectantes, su capacidad de resistir la corrosión y su alto punto de fusión. Quizá te preguntarás qué tiene que ver eso contigo. Pues, si la regla de oro es para ser amable y compasivo con los otros, la de rodio consiste en serlo con tu persona antes que con nadie. ¿Cómo podrías tratar a los demás como quisieras ser tratado cuando no empiezas con ser comprensivo, compasivo, educado, empático, considerado y generoso con tu persona? Así como aprendes del dolor para poder reconocerlo en otros, es importante que te trates con amor para ser capaz de transferir ese sentimiento a los demás, adoptando la propiedad reflejante de este preciado metal. En el momento en que tú puedas cuidar de ti cuando te hablas, al mirarte al espejo, al evaluarte laboral y socialmente, o en tus relaciones íntimas, podrás reflejar esa luminosidad y amor a tu alrededor. De la misma manera, la resistencia del rodio se reflejará en tu resiliencia al sembrar tus valores y, como sucede con el carísimo metal, podrás superar cualquier obstáculo sin perder tu integridad, tal como sucede con el alto punto de fusión del rodio.

A través de la regla del rodio podrás reconocer la humillación propia (además de la ajena), que, según Brown, es el sentimiento doloroso de que hemos sido degradados injustamente, ridiculizados o denigrados y que nuestra identidad ha sido devaluada. Es, dicho de otro modo, el instante en que alguien más ha señalado nuestras debilidades y sentimos que no merecemos ser tratados así. Hay una sensación imperante de injusticia, por lo que frecuentemente estimula la venganza y la violencia, como la cometida por los jóvenes en las masacres de Columbine o la de Robb.

Pero en algunas situaciones, como la que Roberto y yo vivimos la última noche en que lo vi —cuando se hicieron bromas que lo caricaturizaban y, aunque intervine para intentar minimizar el humor de mis amigos, él se sintió humillado—, yo no supe entenderlo ni mucho menos defenderlo.

Si en esa época yo hubiera practicado la regla del rodio, mi sensibilidad ante la humillación ajena me habría instado a protegerlo, defenderlo y consolarlo. Hoy tengo claro que, más que reclamos, le debo una gran disculpa a nombre de todos los que fuimos inmunes ante el humor hiriente que lo lastimó.

También a ese respecto viene a mi mente una mujer con la que trabajé durante cinco años y cuyo nombre omitiré, pero quien fue humillada en cada junta de trabajo por nuestro superior y nadie de los que presenciamos esas escenas abusivas fuimos valientes para interceder en su defensa. Elie Wiesel, escritor y sobreviviente del Holocausto, dice: "Nunca permitas que nadie sea humillado en tu presencia", y yo me arrepiento de todo corazón de haberlo permitido. Espero que puedan disculparme, tanto Roberto como aquella colega. Anhelo ser mejor persona hoy para que eso no vuelva a suceder sin que yo interceda.

Enamórate

La herida es el lugar por donde entra la luz.

RUMI

Lo contrario del amor no es el odio, sino la indiferencia. Muchas veces hemos aprendido a vivir sin tenernos en cuenta o sentimos que no somos suficientes y que, por lo tanto, no merecemos el éxito o la felicidad. En ocasiones creemos, erróneamente, que mejorar nuestra condición de vida nos puede alejar de las personas que amamos, que despertaremos envidias o adquiriremos responsabilidades engorrosas. No queremos eclipsar a nuestros amigos o a nuestra pareja. De hecho, frecuentemente se nos dice a las mujeres que somos demasiado independientes, exitosas, prósperas o poderosas para gustarle a un hombre, y nos da vergüenza que se nos perciba así, con lo que terminamos disculpándonos por dichas virtudes. A hombres y mujeres nos cuesta trabajo aceptar el cambio y vemos carencias en lo que hemos sembrado, sin percibir que la imperfección y los logros componen el campo idóneo para cosechar los mejores frutos.

"Hay una grieta, una grieta en todo. Así es como entra la luz", coincide Leonard Cohen con Rumi cuando escribe su canción *Anthem*. Groucho Marx se suma cuando afirma: "Bienaventurados los agrietados, porque ellos dejan entrar la luz". A lo que yo agregaría que esas mismas fisuras permiten que reflejemos nuestra luz, un halo nuevo de sabiduría que si bien se ha forjado con experiencias de valor, dolor, duelo y redención, nos permite brillar e iluminar a otros en el camino.

Después de recorrer este sendero conmigo, espero que hayas desenredado nudos, cambiado tus acuerdos, encontrado tu propósito, abrazado tus fracasos tanto como tus retos y consolidado tus nuevos sueños.

Hace poco escuché las palabras del padre de una novia, quien le decía que ella había elegido a la persona que la acompañará siempre y, aunque realmente deseo que así sea para esa chica tan linda, yo agregaría que la persona que realmente estará siempre con ella es ella misma. Por esa razón no podemos permitirnos despreciar lo que hemos hecho de nosotros y nuestras vidas. De ahí que nuestra reinvención se convierta en la oportunidad para crear algo mejor, más acorde con lo que llevamos en el corazón, un ser que nos haga sentir orgullo y satisfacción, con todo y sus fracturas selladas a manera de *kintsugi*.

Enamórate de tus virtudes tanto como de las grandes oportunidades de crecer que te plantean retos y metas. Recuerda aquello sobre Dios preguntándote qué hiciste con el talento que te dio y piensa: "¿Qué haré con mi gran corazón?".

Ser una buena persona

Defectos todos tenemos, pero mantenerte ante la adversidad como una dama o un caballero hará la diferencia en más de un sentido. Primero que nada porque encararás al espejo con toda dignidad. Segundo, porque quien es educado, compasivo y prudente, incluso en las peores circunstancias, gana cada batalla, sin importar el marcador. Lo que sobrevive a las tormentas entre empleos, desempleos, matrimonios, separaciones, acuerdos, malentendidos, contratos y demandas es la paz que eliges. Con suerte salvas también la relación, la sociedad o el capital invertido, pero lo más importante es que la concepción de ti mismo quede impecable y vayas con la vida satisfecha de que puedes dominar el ego o la ira gracias a tu templanza.

Un presente poderoso

Hay que saber que la alegría es más rara, más difícil y más hermosa que la tristeza. Una vez que hagas este descubrimiento tan importante debes aceptar la alegría como una obligación moral.

ANDRÉ GIDE

No cabe duda de que al trabajar con algo que para ti tiene sentido encontrarás mayores alicientes para entregarte y lograr tus metas; estarás motivado, gozarás el proceso y el desenlace te llenará de orgullo. Pero así como son tan indispensables las personalidades extrovertidas como las introvertidas, el éxito para algunos puede basarse en la posición en el organigrama y su capacidad de decisión, mientras que para otros representa tener una vida fascinante fuera del trabajo. En realidad, el éxito consiste en sentirte satisfecho respecto de tus elecciones y acciones, tanto como de los resultados que con ellas obtuviste.

Laboralmente hablando, uno debe aspirar a una carrera sustentable, que se denomina así porque es coherente con tus valores. Ahí donde te sientes relevante por lo que haces, gozas el proceso y las conexiones humanas; ahí donde agradeces la oportunidad de hacer lo que amas, tu labor te aporta la seguridad financiera para vivir tranquilo, la dinámica es perfectamente compatible con tu vida personal y es suficientemente resiliente como para adaptarse a los embates de tu industria. A eso los japoneses lo conocen como *ikigai*, un concepto que enaltece el círculo virtuoso que permite servir, crear, gozar, cuidar, proveer, enseñar, aliviar, conectar o construir con tus acciones. Para lograr esta fórmula es indispensable que sepas valorar tus habilidades para mantenerte relevante invirtiendo en actualizaciones, así como adquiriendo nuevos conocimientos, fomentar relaciones con personas proactivas que comulguen con tus valores y puedan apoyarse mutuamente; ser un buen líder o un fantástico miembro del equipo y tener una reserva de dinero para emergencias por si necesitas tomar una pausa o invertir ese capital en tu nueva idea. Digamos que no sobrevive el más fuerte, sino el que más se nutre.

Sin embargo, hay que comprender que la profesión es parte de tu vida, que incluye el ámbito social, amoroso o hasta el tiempo libre, y la única forma de valorar lo que tienes es en el presente. Por un lado, ¿de qué serviría que pensaras en lo feliz que fuiste con una persona si no lo disfrutaste cuando estabas en su compañía? Por el otro, ¿para qué reservarte el derecho de ser feliz hasta el futuro? "Si cultivas el presente, cultivas la capacidad de la felicidad", afirma Julia Cameron, autora del libro *El camino del artista*. "La calidad de vida existe en proporción, siempre, a la capacidad de gozo". No obstante, según Tara Brach, psicóloga estadounidense, el gozo llega con la capacidad de poner atención en los momentos de duda y bajar la barra para apreciar las pequeñas cosas que te hacen feliz.

Resulta que hemos construido una verdadera fortaleza para evadir la felicidad. Lo hemos logrado a base de medir nuestras carencias en lugar de la abundancia. Seguramente has pensado que serías más feliz si tuvieras el trabajo de tus sueños, la pareja ideal a tu lado o si pudieras reducir tu peso para ser talla dos. Te rige el "si hubiera", pues, con su gran carga de duda y desaliento. Lo que no vemos es que esta visión de escasez está arruinando nuestra realidad y nos impide apreciar lo que sí tenemos: lo que vivimos hoy.

Es como si en lugar de aceptar lo que hay, siempre nos reprocháramos no tener algo diferente, entonces solapamos la frustración basándonos en una visión idealizada y damos carpetazo a la posibilidad de disfrutar la realidad. Si a ello le sumamos que nos encanta culpar a alguien más alimentando resentimientos, somos fanáticos de juzgar a los demás y a nosotros mismos, hemos perfeccionado la capacidad de descalificarnos y de pensar sobre el pasado con arrepentimiento y en el futuro, como si este presente nos quedara siempre corto, no es difícil concluir que toda esta basura ha ocupado el espacio del gozo. Si nuestros pensamientos se convierten en hechos, con esa dañina dinámica estamos afectando de manera importante nuestro ánimo, autopercepción, seguridad y la vida misma.

La única manera de revertir el daño consiste en estar aquí, entregarnos a este presente sin buscarle huecos, encontrar el gozo que nos ofrece el aquí y el ahora, para celebrar la vida sin ponerle condiciones. Tenemos que marinarnos en las experiencias positivas dedicándoles unos segundos de conciencia, de tal manera que esos momentos placenteros formarán parte de nuestra historia y harán que el *ikigai* se convierta en nuestra forma de vivir.

Quizá hasta ahora no te habías considerado feliz, pero tú puedes hacerte feliz al reconocer los trances donde eres presa de lo que tu mente te muestra como una carencia y, al prestar atención a esa trampa de escasez, parar en seco y optar por estar disponible en tu presente, darle el sí a la vida y contar tus bendiciones.

Agradece tu siembra, tus frutos y tu maravilloso espíritu. Da gracias incluso por los altibajos que te hacen cada vez más fuerte. Eso sí, no esperes ser un cuenco intacto al final del camino: cada despostillo y cada grieta serán visibles, pero estarán cubiertas con el más brillante matiz en oro para mostrar la belleza de tu esfuerzo y la imperfección que te hace más y más compasivo.

Al final de la sesión de yoga viene la meditación, en la que te rindes abrazando la paz. El aire llena y vacía tus pulmones con la respiración. Sueltas tu cuerpo junto con tus preocupaciones o tu afición a planear; en lugar de ello, confías y te entregas. Después de un breve descanso te incorporas y, todavía con los ojos cerrados, escuchas la voz interna que dice:

Estás a salvo.
Eres amado.
Eres libre.

Señal de que has logrado reinventarte porque esa voz viene de tu poder.

Lecturas recomendadas

Altman, Mara. *A Short Drink of Water*. Audiolibro. Audible Original, 2021.

Bernstein, Gabrielle. *You Are the Guru. 6 Messages to Help You Move through Difficult Times with Certainty and Faith*. Audiolibro. Audible Original, 2020.

Botton, Alain de. *The School of Life. An Emotional Education*. Reino Unido: Penguin Books, 2020.

Brewer, Judson. *The Craving Mind. From Cigarettes to Smartphones to Love – Why We Get Hooked and How We Can Break Bad Habits*. New Haven: Yale University Press, 2017. [*La mente ansiosa. Por qué nos hacemos adictos y cómo podemos terminar con los malos hábitos*. Argentina: Paidós, 2018.]

Brown, Brené. *Atlas of the Heart. Mapping Meaningful Connection and the Language of Human Experience*. Nueva York: Random House International, 2021.

Cameron, Julia. *El camino del artista. Un curso de descubrimiento y rescate de tu propia creatividad*. Ciudad de México: Aguilar. 2011.

Cameron, Laurie. *The Power of Self-Compassion*. Audiolibro. The Great Courses, 2020.

Duckworth, Angela. *Grit. El poder de la pasión y la perseverancia*. Ciudad de México: Urano, 2021.

Eger, Edith. *La bailarina de Auschwitz*. Ciudad de México: Planeta, 2018.

Frankl, Viktor E. *El hombre en busca de sentido*. Barcelona: Herder, 2015.

Gilbert, Elizabeth. *Big Magic. Creative Living beyond Fear*. Nueva York: Riverhead Books, 2015. [*Libera tu magia*. Miami: Aguilar, 2016.]

Habif, Daniel. *Inquebrantables*. Ciudad de México: Harper Collins, 2019.

Haidt, Jonathan. *The Happiness Hypothesis. Finding Modern Truth in Ancient Wisdom*. Nueva York: Basic Books. 2006. [*La hipótesis de la felicidad. La búsqueda de verdades modernas en la sabiduría antigua*. Barcelona: Gedisa, 2006.]

Hirigoyen, Marie-France. *El acoso moral. El maltrato psicológico en la vida cotidiana*. Barcelona: Paidós, 1999.

Huffington, Arianna. *The Sleep Revolution. Transforming Your Life, One Night at a Time*. Nueva York: Harmony, 2017. [*La revolución del sueño. Transforma tu vida, noche tras noche*. Barcelona: Plataforma, 2016.]

James, Henry. *Retrato de una dama*. Barcelona: Penguin Clásicos, 2015.

Kingma, Daphne Rose. *Coming Apart. Why Relationships End & How to Live Through the Ending of Yours*. Nueva York: Conari Press, 2012.

Landwehr Engle, Debra. *The Only Little Prayer You Need. The Shortest Route to a Life of Joy, Abundance, and Peace of Mind*. Newburyport: Hampton Roads, 2014. [*La pequeña oración que necesitas*. Ciudad de México: Diana, 2015.]

Leary, Mark. *Your Public Persona. Self-Presentation in Everyday Life*. Audiolibro. The Great Courses, 2020.

Luciani, Joseph J. *The Power of Self-Coaching. The Five Essential Steps to Creating the Life You Want.* Nueva Jersey: Wiley, 2004.

McTaggart, Lynne. *The Intention Experiment. Using Your thoughts to Change Your Life and the World.* Nueva York: Atria Books, 2008. [*El experimento de la intención.* Málaga: Editorial Sirio, 2008.]

Mitchell, Pamela. *Mastering the Skill of Reinvention.* Audiolibro. Audible Original, 2021.

Nhat Hanh, Thich. *El verdadero amor. Prácticas para renovar el corazón.* Barcelona: Ediciones Oniro, 2007.

Pasricha, Neil. *How to Get Back Up. A Memoir of Failure & Resilience.* Audiolibro. Audible Original, 2018.

Perry, Bruce D. y Oprah Winfrey. *What Happened to You? Conversations on Trauma, Resilience, and Healing.* Nueva York: Flatiron Books, 2021.

Rhimes, Shonda. *Year of Yes. How to Dance It Out, Stand in the Sun and Be Your Own Person.* Reino Unido: Simon & Schuster, 2015. [*El año del sí. Descubre el asombroso poder de decir sí y cambia tu vida.* Barcelona: Kitsune Books, 2019.]

Richo, David. *Daring to Trust. Opening Ourselves to Real Love and Intimacy.* Londres/Boston: Shambala, 2011. [*Atreverse a confiar. Abrirnos al amor verdadero y a la intimidad.* Ciudad de México: Océano, 2013.]

Russ, David. *Domando emociones. Toma las riendas de tu vida.* Madrid: Edaf, 2020.

Santos, Rafaela. *Abecedario de resiliencia.* Madrid: Instituto Español de Resiliencia, 2020.

Shetty, Jay. *Piensa como un monje. Entrena tu mente para la paz interior y consigue una vida plena.* Ciudad de México: Grijalbo, 2020.

Silver, Tosha. *Change Me Prayers. The Hidden Power of Spiritual Surrender.* Nueva York: Atria Books, 2015.

Stahl, Ashley. *You Turn. Get Unstuck, Discover Your Direction, and Design Your Dream Career.* Dallas: BenBella Books, 2021.

Tutu, Desmond y Mpho Tutu. *El libro del perdón. El camino de la sanación para nosotros y nuestro mundo.* Ciudad de México: Océano, 2014.

Vilaseca, Borja. *Qué harías si no tuvieras miedo. Claves para reinventarte profesionalmente y prosperar en la nueva era.* Barcelona: Debolsillo Clave, 2020.

Wezowski, Kasia y Patryk Wezowski. *Without Saying a Word. Master the Science of Body Language and Maximize Your Success.* Audiolibro. Author's Republic, 2018.

Whelan, Christine. *Finding your Purpose.* Audiolibro. The Great Courses, 2020-2021.

Agradecimientos

Reinventarse es parte de la vida; tiene que ver con la marea alta y la baja, con navegar entre revolcones y con la pausa como un espejismo lleno de paz, que da la sensación de que seremos felices para siempre. Pero entre mis olas encrespadas y atardeceres paradisiacos permanecen las personas que se han convertido en los pilares que me sostienen para que nunca me ahogue: mi hijo Francisco, mis hermanos y mis amigos, que son ya mi familia elegida. ¡Gracias a ustedes estoy viva!

Hay también personas que me iluminan con su gran cariño y confianza en mi trabajo. Mi adorado David García, director editorial y amigo del alma: cuánto agradezco que me ayudes a reinventarme en cada libro y esa fe que tienes en mí no hay manera de pagártela ni en mi próxima vida. Querida Michelle Griffing, mi editora favorita: no sabes cuánto disfruto trabajar contigo y agradezco tu amistad, talento, dedicación, delicadeza y asertividad. Andrea Salcedo, Andy: qué delicia tenerte como mi editora literaria, ¡gracias por tu apoyo y profesionalismo! Amalia Ángeles, gracias por diseñar este libro con tanto esmero. Alan Viruette, qué placer ha sido colaborar contigo en la concepción y realización del audiolibro de este texto. Pilar Gordoa, aprecio muchísimo todo lo que has hecho para promover esta nueva obra. He dejado como postre el enorme agradecimiento que guardo en mi corazón para Roberto Banchik, director general de Penguin Random House, por darme la oportunidad de pertenecer a esta fabulosa casa editorial y por su inigualable equipo.

Gracias, Gregorio Martínez Moctezuma, Goyo: siempre mi ángel de la guarda y el primero en leer y comentar mi trabajo con cariño, paciencia y sinceridad. Mars Morales, aprendí mucho de lo que nos compartiste en este libro, ¡gracias por iluminarnos!

Como han podido leer, muchas personas me han dado increíbles lecciones de sobrevivencia y a todos ellos les agradezco tanto mis lágrimas como mis alegrías. Pero con especial énfasis a Tanya Mordacci, quien de haber sido una perfecta desconocida, se convirtió en mi sanadora, consejera y guía a través de las olas del desamor. No hay nada como la compasión y el agradecimiento para poder pegar los pedazos rotos y ver la luz a través de esas cicatrices de vida.

El poder de reinventarte de Lucy Lara
se terminó de imprimir en enero de 2023
en los talleres de
Impresora Tauro, S.A. de C.V.
Av. Año de Juárez 343, col. Granjas San Antonio,
Ciudad de México